COLLEZIONE DI TEATRO

34.

ISBN 978-88-06-06544-7

Eduardo De Filippo

NATALE IN CASA CUPIELLO

NATALE IN CASA CUPIELLO

(1931)

Personaggi

Luca Cupiello
Concetta, sua moglie
Tommasino, loro figlio, detto Nennillo
Ninuccia, la figlia
Nicola, suo marito
Pasqualino, fratello di Luca
Raffaele, portiere
Vittorio Elia
Il dottore
Carmela
Olga Pastorelli
Luigi Pastorelli
Alberto ⎫ i casigliani
Armida Romaniello
Rita
Maria

ATTO PRIMO

In casa Cupiello. Un letto matrimoniale e un altro piú piccolo, per un solo posto. Comune in fondo a destra. Balcone a sinistra. Su di un tavolo, davanti al balcone, vi sarà un Presepe in fabbricazione, e tutto l'occorrente necessario per realizzarlo: cartapesta, pennelli, sugheri, e un recipiente di latta con la colla Cervione. Tra il balcone e il lettino a un posto vi sarà un piccolo paravento con davanti un treppiedi di ferro con bacinella, ed un secchio smaltato bianco; sul paravento è appoggiato un asciugamani. A ridosso della parete di destra un comò con sopra santi e immagini religiose d'ogni specie con davanti candele e lumini spenti. Sono le nove del mattino del 23 dicembre. Luca dorme nel letto matrimoniale; il posto della moglie, Concetta, è in disordine come se la donna l'avesse lasciato da poco. Nel lettino piccolo dorme Tommasino (detto Nennillo).

CONCETTA (*entra dalla destra con passo cauto; indossa una sottana di cotone bianco e ha sulle spalle uno scialletto di lana; ai piedi un paio di pantofole realizzate con un vecchio paio di scarpe del marito Reca in una mano una fumante tazza di caffè, e nell'altra una brocca d'acqua. Mezzo assonnata si avvicina al comò, posa la tazza, poi va a mettere la brocca accanto al lavabo; va al balcone ed apre le imposte; torna al comò, prende la tazza e l'appoggia sul comodino. Con tono di voce monotono, abitudinario, cerca di svegliare il marito*) Lucarie', Lucarie'... scétate songh' 'e nnove! (*Dopo una piccola pausa, torna alla carica*) Lucarie', Lucarie'... scétate songh' 'e nnove. (*Luca grugnisce e si rigira su se*

stesso, riprendendo sonno. La moglie insiste) Lucaric',
Lucarie', scétate songh' 'e nnove.

LUCA (*svegliandosi di soprassalto*) Ah! (*Farfuglia*) Son-
gh' 'e nnove...

CONCETTA Pigliate 'o ccafè. (*Luca, pigro e insonnolito, fa
un gesto come per prendere la tazza del caffè, ma il sonno
lo vince di nuovo. Imperterrita, Concetta riprende il
lamentoso ritornello, con tono un po' piú forte, mentre
comincia a vestirsi davanti al comò*) Lucarie', Lucarie'...
scétate songh' 'e nnove!

LUCA (*si siede in mezzo al letto e si toglie, svolgendoli
dalla testa, uno alla volta, due scialletti di lana e una
sciarpa; poi guarda di sbieco la moglie*) Ah, songh' 'e
nnove? Già si sono fatte le nove! La sera sei privo di
andare a letto che subito si fanno le nove del giorno
appresso. Conce', fa freddo fuori?

CONCETTA Hai voglia! Si gela.

LUCA Io me ne so' accorto, stanotte. Non potevo pigliare
calimma. Due maglie di lana, sciarpa, scialle... I pedali-
ni 'e lana... Te ricuorde, Cunce', i pedalini 'e lana che
cumpraste tu, ca diciste: «Sono di lana pura, aggi' avu-
to n'occasione»? Te ricuorde, Cunce'? (*Concetta conti-
nua a vestirsi senza raccogliere l'insinuazione del mari-
to. Luca prende gli occhiali dal comodino e si mette a
pulirli meticolosamente*) Cunce', te ricuorde? Cunce'...?
(*La donna non risponde*). Cunce', te ne sei andata?

CONCETTA (*infastidita*) Sto ccà, Lucarie', sto ccà.

LUCA E rispondi, dài segni di vita.

CONCETTA Parla, parla: ti sento.

LUCA 'E pedalini ca cumpraste tu, che dicesti: «Sono di
lana pura»... Conce', quella non è lana, t'hanno mbru-
gliata. Tengo i piedi gelati. E poi, la lana pura quando
si lava si restringe... questi piú si lavano piú si allarga-
no, si allungano... so' addiventate ddoje bandiere. 'O cca-
fè, Cunce'.

CONCETTA Sta sopra al comodino.

LUCA Ah, già. (*Prende la tazza, dopo avere inforcato gli
occhiali. Sbadiglia*) Conce', fa freddo fuori?

CONCETTA Sí, Lucarie', fa freddo. (*Spazientita*) Fa fred-
do! E basta.

LUCA Eh... Questo Natale si è presentato come comanda
Iddio. Co' tutti i sentimenti si è presentato. (*Beve un
sorso di caffè, e subito lo sputa*) Che bella schifezza che
hai fatto, Conce'!

CONCETTA (*risentita*) E già, mo le facévemo 'a cioccola-
ta! (*Alludendo al caffè*) È nu poco lasco ma è tutto cafè.

LUCA Ma perché vuoi dare la colpa al caffè, che in questa
tazza non c'è mai stato?

CONCETTA (*mentre cerca in un cassetto qualcosa di persona-
le: delle forcine, un pettine, un rocchetto di filo bian-
co*) Ti sei svegliato spiritoso?

LUCA Non ti piglià collera, Conce'. Tu sei una donna di
casa e sai fare tante cose. Per esempio, 'a frittata c' 'a
cipolla, come la fai tu non la sa fare nessuno. È una
pasticceria. Ma 'o ccafè non è cosa per te.

CONCETTA (*arrabbiata*) E nun t' 'o piglià... Tu a chi vuoi
affliggere.

LUCA Non lo sai fare e non lo vuoi fare, perché vuoi
risparmiare. Col caffè non si risparmia. È pure la quali-
tà scadente: questa puzza 'e scarrafone. (*Posa la tazza
sul comodino*) Concetta, fa freddo fuori?

CONCETTA (*irritatissima*) Sí, Lucarie', fa freddo assai: fa
freddo! Ma che si' surdo?

LUCA Cunce', ma che t'avesse data na mazzata ncapa?

CONCETTA Me l'he addimandato già tre volte: fa freddo.

LUCA Questo Natale si è presentato...

CONCETTA ... Come comanda Iddio. Questo pure lo ave-
te detto.

LUCA E questo pure l'abbiamo detto... (*Sbadiglia, si guar-
da intorno come per cercare qualche cosa che lo interes-
si, non sa nemmeno lui precisamente cosa. Poi realizza
a un tratto e come temendo una risposta spiacevole chie-
de allarmato*) 'O Presepio... Addó stà 'o Presepio?

CONCETTA (*esasperata*) Là, là, nessuno te lo tocca.

LUCA (*ammirando il suo lavoro*) Quest'anno faccio il piú
bel Presepio di tutti gli altri anni. Pastorella, 'o terzo
piano, ha detto che lo fa pure lui il Presepio. Mi ha

detto: «Facciamo la gara». Sta fresco... Lo voglio fare rimanere a bocca aperta. Ho fatto pure i disegni, i progetti. Voglio fare una cosa nuova: sopra ci metto tutte casette novecento... (*Alla moglie*) Conce', 'a colla l'hai squagliata?

CONCETTA (*sgarbata*)   Lucarie', io adesso mi sono alzata. Se mi date il permesso di vestirmi per andare a fare la spesa, bene, e se no ci sediamo e ci mettiamo agli ordini di Lucariello. (*Siede e incrocia le braccia*).

LUCA (*aggressivo*)   Non l'hai squagliata ancora?

CONCETTA   No.

LUCA   E io aieressera che te dicette? «Domani mattina, appena ti svegli, prima di fare il caffè, squaglia la colla perché se no non posso lavorare e il Presepio non è pronto per domani».

CONCETTA (*si alza di scatto, prende il barattolo della colla e si avvia per la sinistra*)   Ecco pronto, andiamo a squagliare la colla, cosí stamattina mangiamo colla! Quando viene Natale è un castigo di Dio! (*Esce e si sente la sua voce che si allontana*) Colla, pastori... puzza 'e pittura!

LUCA (*gridando come per sopraffare gli apprezzamenti della moglie*)   Sei vecchia, ti sei fatta vecchia! (*Finalmente decide di alzarsi; scende dal letto, si avvicina alle sacre immagini sul comò, e facendo un piccolo inchino e sollevando lo sguardo mistico verso i santi, si fa il segno della croce; si avvicina poi alla sedia ai piedi del letto, prende i pantaloni lisi e se li infila non senza difficoltà; poi torna verso il comodino, si mette in testa il berretto appeso alla testata del letto, tenta di bere il caffè, ma il cattivo sapore lo costringe a sputare il sorso; ancora tremante per il freddo, si rimbocca le maniche della camicia, sbadiglia e si avvia verso il lavabo; intona la stessa litania con cui Concetta ha svegliato lui, per svegliare il figlio Tommasino*) Tummasi', Tummasi', scétate songh' 'e nnove! (*Tommasino non risponde*). Io lo so che stai svegliato, è inutile che fai finta di dormire. (*Riempie la bacinella di acqua, si insapona le mani e di tanto in tanto si rivolge ancora a Tommasino*) Tommasi', scétate, songh' 'e nnove. E questo vuoi

fare! Vedete se è possibile: nu cetrulo luongo luongo
che dorme fino a chest'ora! Io, all'età tua, alle sette e
mezza saltavo dal letto come un grillo per accompagna-
re mio padre che andava a lavorare. Lo accompagnavo
fino alla porta, ci baciavo la mano... perché allora si
baciava la mano al genitore... poi me ne tornavo e mi
coricavo un'altra volta. (*Ora si insapona la faccia e si
lava il viso abbondantemente. Non trova l'asciugamani
e fa sforzi incredibili perché i rivoli d'acqua non gli
corrano per la schiena. Finalmente trova l'asciugamani
e si asciuga il volto. Si rivolge al figlio con più autorità*)
Hai capito, svegliati? (*Visto che Tommasino non gli
risponde, abbozza, per quieto vivere*) È meglio ca nun
te dongo retta, se no ci facciamo la croce a prima ma-
tina.

TOMMASINO (*raggomitolato e sprofondato sotto le coper-
te, reclama*) 'A zuppa 'e latte!

LUCA   E questa è la sola cosa che pensi: «'A zuppa 'e
latte, 'a cena, 'a culazione, 'o pranzo»... Alzati, 'a zup-
pa 'e latte te la vai a prendere in cucina perché non
tieni i servitori.

TOMMASINO   Se non me la portate dentro al letto non mi
sòso.

LUCA   No, tu ti sòsi, se no ti faccio andare a coricare all'o-
spedale.

CONCETTA (*tornando col barattolo di colla fumante*) 'A
colla... (*raggiunge il tavolo dov'è il Presepe per collocar-
vi sopra il barattolo di colla*) Io nun capisco che 'o faie
a ffà, stu Presebbio. Na casa nguaiata, denare ca se ne
vanno... E almeno venesse bbuono!

TOMMASINO (*con aria volutamente distratta*) Non viene
neanche bene.

LUCA   E già, come se fosse la prima volta che lo faccio!
Io sono stato il padre dei Presepi... venivano da me a
chiedere consigli... mo viene lui e dice che non vie-
ne bene.

TOMMASINO (*testardo*) A me non mi piace.

LUCA   Questo lo dici perché vuoi fare il giovane moder-
no che non ci piace il Presepio... il superuomo. Il Prese-

pio che è una cosa commovente, che piace a tutti quanti...

TOMMASINO (*c. s.*) A me non mi piace. Ma guardate un poco, mi deve piacere per forza?

LUCA (*per ritorsione, scuote violentemente la spalliera del letto, intimando al figlio*) Súsete! Hai capito súsete?

TOMMASINO (*dispettoso*) 'A zuppa 'e latte!

CONCETTA (*indifferente all'atteggiamento del marito, si rivolge dolcemente al figlio*) Alzati, bello di mammà, alzati!

LUCA (*a Concetta*) Embè, si le puorte 'a zuppa 'e latte dint' 'o lietto ve mengo 'a coppa abbascio a tutte e due! (*Alludendo alla cattiva educazione che Concetta dà a Tommasino*) Lo stai crescendo per la galera!

CONCETTA (*conciliante*) Quello mo si alza! (*E con gesti mimici, curando di non farsi scorgere da Luca, invoglia Tommasino ad alzarsi; il dialogo muto tra Concetta e «Nennillo» viene sorpreso e interrotto da Luca*).

LUCA È incominciato il telegrafo senza fili.

TOMMASINO (*spudorato, insiste*) 'A zuppa 'e latte!

LUCA (*irritato*) Embè, mo te mengo 'a colla nfaccia.

CONCETTA Alzati, bello 'e mammà. Ti lavi tanto bello, e mammà intanto ti prepara nu bello zuppone.

LUCA Niente affatto. 'O zuppone s' 'o va a piglià in cucina. (*A Tommasino*) Che l'hai presa per una serva, a tua madre? Eh? Tua madre non serve! (*Ha indossato il gilè, la giacca e una sciarpa di lana al collo e ora inizia il suo lavoro al Presepe, incollando sugheri e inchiodando pezzi di legno. Dopo una piccola pausa chiede a sua moglie*) Pasqualino si è alzato?

CONCETTA Sí, sí, si è alzato quello scocciante di tuo fratello! Cu' nu raffreddore che ha tenuto, è stato capace di stare una settimana a letto.

TOMMASINO (*allarmato intimamente, chiede a conferma*) S'è alzato? E sapete se esce?

CONCETTA Sí. Ha detto che si vuole fare una passeggiata, perché dopo la febbre che ha avuto vo' piglià nu poco d'aria 'e matina e poi si ritira.

TOMMASINO E sapete se si veste?

LUCA   Giesú, e che gghiesce annuro?

TOMMASINO   No, dico... Sapete se si vuole mettere il cappotto?

LUCA   E si capisce, 'o mese 'e dicembre esce senza cappotto?

CONCETTA (*sospettosa per quelle strane domande*)   Ma pecché? Che d'è?

TOMMASINO (*eludendo*)   No, niente. Io dicesse che è meglio se non esce. Può essere che piglia la ricaduta.

PASQUALE (*dall'interno, batte dei colpettini alla porta di fondo e chiede discreto*)   Lucarie', è permesso?

LUCA   Vieni, Pasquali', entra.

PASQUALE (*apre la porta e entra. È vestito di tutto punto, gli mancano solo le scarpe; è in pantofole. Tommasino si sprofonda sotto le coperte*)   Buongiorno, donna Concetta.

CONCETTA   Buongiorno.

LUCA (*si avvicina al fratello e gli chiede con interesse*)   Come ti senti?

PASQUALE   Meglio, meglio... un poco debole.

LUCA (*tastandogli il polso*)   Me credevo proprio ca te passave Natale dint' 'o lietto. Il polso è buono.

PASQUALE   La lingua, guardami la lingua. (*Tira fuori la lingua e la mostra*).

LUCA (*dopo averla guardata attentamente*)   È pulita, è pulita. Mo devi stare a sentire a tuo fratello: mangia forte, carne al sangue e vino rosso; e fatti delle passeggiate 'a parte 'o mare. Cosí si fa pure una pulizia nella stanza. È stata sette giorni chiusa... (*Alla moglie*) Hai capito, Conce': una bella pulizia!

CONCETTA   Sí, sí.

PASQUALE   Infatti voglio uscire. Arrivo fino al Banco Lotto e torno. (*Con sospetto intimo mal celato*) Donna Conce', non ho potuto trovare le scarpe mie.

CONCETTA   E 'e vulite 'a me?

PASQUALE (*paziente*)   Non le voglio da voi, ma io sono stato a letto sette giorni con la febbre... Ho domandato se le avete viste.

LUCA   Ma tu quando ti coricasti dove le mettesti?

PASQUALE   Addó l'aveva mettere, Lucarie'? Sotto il letto.

CONCETTA   E vedete bene che là stanno.

PASQUALE   Non c'è niente, donna Conce': le scarpe sono
sparite. (*Indicando il letto di Tommasino*) Domandate
a Nennillo...

TOMMASINO (*siede di scatto in mezzo al letto e affronta
tutti con audacia spudorata, come per prevenire l'accu-
sa di suo zio, che egli sa di meritare*)   Nun accummin-
ciammo! Io non ero il tipo che mi vendevo le scarpe sue!

LUCA (*che conosce il modo di difendersi di suo figlio quan-
do è in colpa, annunzia convinto*)   S'ha vennuto 'e
scarpe.

PASQUALE (*avvilito*)   Tu che dice? E io come faccio?

CONCETTA (*che vuole scagionare il figlio*)   Ma nossignora!

LUCA (*convinto*)   È ladro, è ladro matricolato!

TOMMASINO   Io nun m'aggio vennuto niente!

LUCA   Non dire bugie!

PASQUALE   Confessa.

LUCA   Confessa.

TOMMASINO (*dispettoso*)   Nun me piace 'o Presepio! Mo
vedimmo! Dint' a sta casa, ogne cosa ca succede s' 'a pi-
gliano cu' me.

CONCETTA   Avimmo accuminciato a primma matina.

TOMMASINO   'A zuppa 'e latte!

LUCA (*esasperato, col martello in pugno*)   Mo te lasso in-
t' 'o lietto! (*Accusando Concetta*) Per la galera l'hai
cresciuto, per la galera!

PASQUALE   E io come esco? Io so' stato sette giorni a let-
to con la febbre... e quello si vende le scarpe mie.

LUCA   Pasca', tu ti devi trovare una camera mobiliata...

PASQUALE   Sí, sí, me ne vado.

LUCA   Non possiamo stare auniti. Con questo ladro in ca-
sa io non posso prendere responsabilità. Miettete che-
ste scarpe quà... (*Prende un paio di scarpe da sotto il
letto e le porge a Pasquale*) Dopo le feste te ne compri
un altro paio e le pago io.

PASQUALE   Sia fatta la volontà di Dio... Ma perché non lo
chiudete? Mettetelo 'o Serraglio! Questo è un delin-

quente. Ma che aspettate, ca va mettendo 'a fune 'a notte? Uno se cocca cu' 'a febbre e se sceta senza scarpe! Perché ti sei venduto le scarpe mie? Perché?

LUCA   Che bisogno avevi di venderti le scarpe?

TOMMASINO   Io ho ragione.

PASQUALE   Comme, tu te vinne 'e scarpe e hai ragione?

TOMMASINO   Sí, ho ragione da vendere... Io le scarpe me le sono vendute... perché mi credevo che non ti alzavi piú.

PASQUALE   Uh, mamma mia! Voi lo sentite? Insomma, io avev' 'a murí?

LUCA   Zio Pasquale doveva morire?

TOMMASINO   Tu che vuó 'a me? Campasse, muresse... Quando il medico ti è venuto a visitare ha parlato chiaro.

PASQUALE   Ha parlato chiaro? E con chi? (*Rivolgendosi un po' a tutti*) Che mi si nasconde qua?

LUCA   Nun 'o da' retta!

TOMMASINO   Sí, nun 'o da' retta! Il medico disse che ci era pericolo. Eh, guè... Io m'aggio vennuto pure 'o cappotto!

PASQUALE   Neh, Lucarie', tu 'o ssiente? Chillo s'ha vennuto pure 'o cappotto... 'O cappotto nucella...

LUCA (*a Concetta*)   'O cappotto nucella.

PASQUALE   Chello c' 'o collo 'e pelliccia...

LUCA (*a Concetta*)   Cu' chella pellicchiella... (*A Pasquale*) 'O cappotto tujo.

PASQUALE   Chello c' 'a fodera scozzese.

LUCA   Eh, il cappotto tuo.

PASQUALE   Chillo c' 'a martingana...

LUCA   Pasqua', tu uno ne tieni! (*Esasperato*) E chillo se venne 'o cappotto 'e Pasquale!

PASQUALE (*con un gesto di rabbia, getta violentemente le scarpe a terra*)   E nun ascimmo! (*E si siede*).

LUCA   Pasca'... trovate na camera mobiliata.

PASQUALE   M' 'a trovo, m' 'a trovo! Ve lo tolgo il fastidio... Quello si vende la roba primma ca io moro: aspetta ca moro e poi te la vendi!

LUCA (*con senso di giustizia*)   E con quale autorità? Chi

è lui che si permette di decidere? Tu sei mio fratello: la roba tua spetta a me.

PASQUALE (*nauseato*) Chi se la deve vendere la robba mia? Mettiteve d'accordo... Misericordia! Io mi trovo in mezzo ai cannibali. E tu sei mio fratello? Tu sei Caino! Nun tengo niente, non vi illudete, non tengo niente. Che bei parenti! Aspettano 'a morta mia... (*Considerando l'inospitalità di quella casa*) Quando poi la gente parla... «Beato voi, state in casa con vostro fratello... Vi accudiscono, vi vogliono bene»... L'avessero sapè quello che passo in questa casa, e quanta pizzeche ncopp' 'a panza mi devo dare dalla mattina alla sera!

LUCA (*punto dalle considerazioni fatte dal fratello*) Io odio di contrastarmi con mio fratello, perché poi si esce all'impossibile. Pasquali', tu sei l'eterno scontento.

PASQUALE (*trasecolato*) So' scuntento?

LUCA Sí! Lo diceva anche la buonanima di nostro padre. Se gli amici dicono che hai avuto una fortuna a stare in casa coi parenti, mi pare che hanno ragione. (*Risoluto*) Pasqua', parliamo chiaro!

PASQUALE (*combattivo*) E parliamo chiaro!

LUCA Tu paghi cinque lire al giorno: 'a tazza 'e cafè 'a matina, 'a colazione, 'o pranzo, 'a cena... Mia moglie lava, stira, rinaccia cazettielle ca nun ce ne stanno cchiú piezze... Mo, pe' via c' 'o ragazzo ha scherzato...

PASQUALE Ha scherzato!!! Ha scherzato...

LUCA (*come per significare la sua impotenza contro la natura ribelle del figlio*) E che faccio, Pascali', che faccio? L'accido? Mi volete armare la mano? (*Esagerando, per rabbia impotente*) Scusate tanto, abbiate pazienza se il ragazzo si è *permettuto* di manomettere il guardaroba di vostra Eccellenza.

PASQUALE (*esagerando anche lui*) No, scusate voi se mi sono preso l'ardire di domandare dove stavano le scarpe mie.

LUCA (*togliendosi il cappello fino a terra*) Vi chiedo scusa.

PASQUALE (*si inchina con lo stesso gesto ironico del fratello*) Vi chiedo perdono.

LUCA (*trasportato dal tono esasperatamente ironico preso dalla lite*) M'inginocchio ai vostri piedi... (*E s'inginocchia*).

PASQUALE Mi metto con la faccia per terra! (*E s'inginocchia a sua volta*).

LUCA (*si alza di scatto e risolve quell'increscioso dibattito salutando Pasquale con tutte e due le mani*) Stateve bbuono, don Pasquali'!

PASQUALE (*imitando il gesto*) Statevi bene! (*E mentre Luca torna innervosito al suo lavoro, Pasquale esce dalla stanza sbraitando*) I parenti? Iddio ne scampi e liberi! Che belli pariente... Tengo 'e pariente, tengo! (*E da dentro si fa ancora sentire*) 'E pariente... Che belli pariente!

CONCETTA Siente, sie'... Quant'è pesante.

LUCA Me pare che 'ave ragione. (*Perentorio, a Tommasino*) Súsete, he capito, súsete! (*Con gesto repentino gli strappa le coperte di dosso*).

CONCETTA (*prontissima interviene*) Lucarie'! Lo vuoi fa' piglià nu colpo d'aria?

LUCA Cunce', pe' chisto ce vònno 'e colpe 'e revolvere!

CONCETTA (*a Tommasino, con dolcezza*) Viene dint' 'a cucina ca te preparo 'o latte. (*Ed esce per la sinistra, esortando mimicamente Tommasino ad alzarsi*).

LUCA (*scorgendo i gesti*) La nemica della casa sei, la nemica della casa! (*Torna al lavoro sul Presepe; si rivolge a Tommasino che finalmente ha deciso di scendere dal letto e si sta infilando i pantaloni*) Tieni un carattere insopportabile. Io ti voglio bene, ma certe volte non so io stesso come ti devo far capire certe cose. («*Nennillo*» *si avvicina al lavabo, prende la bacinella piena di acqua sporca e la svuota nel secchio. Poi la riempie di nuovo di acqua pulita e s'insapona sommariamente le mani e la faccia*) Tu sei un bravo ragazzo. I sentimenti sono buoni, lo so. Ma tieni un caratteraccio selvaggio. Nessuno ti può fare capire niente. (*Tommasino si asciuga*). Ma io dico, il giudizio! Tu te vinne 'o cappotto 'e Pasquale al mese di dicembre! Dove siamo arrivati? Oramai sei un giovanotto, non sei piú un bambino. A

scuola non hai voluto fare niente. Te n'hanno cacciato
da tutte le scuole di Napoli. Terza elementare: «Non
voglio studiare, voglio fare il mestiere». E allora ti de-
vi interessare. Chi cerca trova. Vai girando, guarda den-
tro ai magazzini. Nelle vetrine ci sono i cartellini: «Cer-
casi commesso». Si comincia, poi si può fare strada. Io
non sono eterno. I soldi ci vogliono. Mo t'aggia fa' 'o
vestito nuovo. Dopo Natale, viene il sarto, porta i cam-
pioni e ti fai un bel vestito di stoffa pesante, questo
che tieni addosso oramai è partito. Ti faccio pure due
camicie. Tua madre mi ha detto che quelle che tieni
non le può salvare piú. Un vestito e due camicie. (*Indi-
ca il Presepio*) Qua poi ci vengono tutte montagne con
la neve sopra. Le casette piccole per la lontananza. Qua
ci metto la lavandaia, qua viene l'osteria e questa è la
grotta dove nasce il Bambino. (*Ammiccando*) Te piace,
eh? Te piace!

TOMMASINO (*annodandosi la cravatta*)   No.

LUCA   Bè, certo adesso è abbozzato, non si può dare un
giudizio, è giusto. Ti compro pure due cravatte, che
questa che tieni è diventata nu *lucigno*. E per Natale
ti regalo dieci lire, cosí se ti trovi con gli amici, coi
compagni, puoi offrire pure tu qualche cosa, e fai bella
figura. (*Indicando un altro punto del Presepe*) Qua poi
ci faccio il laghetto, col pescatore, e dalla montagna fac-
cio scendere la cascata d'acqua. Ma faccio scendere l'ac-
qua vera!

TOMMASINO (*scettico*)   Già, l'acqua vera!

LUCA   Sí, l'acqua vera. Metto l'*interoclisemo* dietro, apro
la chiavetta e scende l'acqua. Te piace, eh?

TOMMASINO   No.

LUCA   Ma io non mi faccio capace! Ma lo capisci che il
Presepio è una cosa religiosa?

TOMMASINO (*sostenuto*)   Una cosa religiosa con l'*interocli-
semo* dietro? Ma fammi il piacere!

LUCA   È questione che tu vuoi fare il giovane moderno...
ti vuoi sentire superiore. Come si può dire: «Non mi
piace», se quello non è finito ancora?

TOMMASINO   Ma pure quando è finito non mi piace.

LUCA (*arrabbiato*) E allora vattènne, in casa mia non ti voglio.

TOMMASINO E me ne vado.

LUCA Trovati un lavoro qualunque e non mettere piú piede qua.

TOMMASINO (*alludendo al Presepe*) Ma guarda un poco, quello non mi piace, mi deve piacere per forza?

LUCA Ma dalla casa mia te ne vai.

TOMMASINO Ma il Presepio non mi piace.

LUCA (*furibondo*) E vattènne, perché in questa casa si fanno i Presepi.

TOMMASINO Me ne vado. (*Entra Concetta recando una scodella piena di latte e pane*). Mo mi mangio 'a zuppa 'e latte e poi me ne vado.

CONCETTA (*dopo avere appoggiato la ciotola col latte sul comodino si avvicina al comò e rovista in un cassetto*) Lucarie', che vuó mangià stamatina?

LUCA E questa è un'altra tortura mattutina. Ogni mattina: «Lucarie', che vuoi mangiare». Che t' 'o ddico a fa'? Io ti dico una cosa, tu poi ne fai un'altra... Sa' che vuó fa'? Domani è vigilia, poi vengono tutte queste feste, e dobbiamo mangiare molto: è meglio che ci manteniamo leggieri. Fai un poco di brodo vegetale che tu lo fai bene, e nce mine trecento grammi di tubetti.

TOMMASINO (*pronto*) A me 'e tubette nun me piacene...

LUCA Tu te ne devi andare. Sono tubetti che non ti riguardano.

CONCETTA (*ha preso dei soldi dal cassetto e li ha divisi: una parte li ha messi in una logora borsa di pelle, e un biglietto da cinque lire lo ha stretto nel pugno destro; ora indossa un cappottino liso e un cappello rimediato*) E senza frutta! Domani è quella santa giornata. So io i soldi che se ne vanno durante questi giorni di festa. Venti lire per la spesa e cinque te le tieni tu dint' 'a sacca, che ti possono servire. Qualche pastore, 'e chiuove... (*Poggia il biglietto da cinque lire sul tavolo del Presepio*).

TOMMASINO (*ha divorato il pane e latte*) Ecco fatto. L'ultima colazione nella casa paterna. Me ne vado! Questo

padre snaturato ha avuto il coraggio di cacciarmi via
dal focolare proprio nei giorni del Santo Natale. So io
quello che devo fare... mi trovo un lavoro, ma qua non
ci vengo piú!

CONCETTA   Tu che stai dicendo?

TOMMASINO   Che sto dicendo? (*Si avvicina al tavolo do-
ve il padre sta lavorando e furtivamente s'impossessa
del biglietto da cinque lire*) Lo vedrai. (*Ambiguo*) La
tua creatura non la troverai piú! (*Si avvia verso l'usci-
ta*) Fai conto che la tua creatura non è mai esistita. È
sparita! (*Ed esce*).

CONCETTA   Nenni', viene ccà...

LUCA (*finalmente capisce l'allusione e s'accorge della man-
canza del biglietto da cinque*)   S'ha pigliata 'a cinche
lire... (*Gridando dietro a Tommasino*) Basta ca nun ce
viene cchiú dint' a sta casa, t' 'a benedico sta cinque lire!

CONCETTA   Nenni', bell' 'e mammà, viene ccà... (*Poi, con
malagrazia, a Luca*) Ma ch'è succiesso?

LUCA (*tornando al suo lavoro*)   Nun 'o da' retta, a ora
'e pranzo 'o vide arrivà.

CONCETTA   Chillo ha ditto ca se ne va d' 'a casa.

LUCA   E sarebbe ora. Deve trovare una strada. Deve lavo-
rare. In casa mia non lo voglio piú.

CONCETTA (*spingendo alle spalle il marito affinché si deci-
da a chiarire il motivo di quella lite*)   Ma se pò sapé
ch'è stato?

LUCA (*a quella spinta traballa, perde l'equilibrio e per po-
co non cade lungo disteso sul Presepe. Fortunatamente
si riprende in tempo e reagisce spazientito*)   Mo me fa-
cive rompere 'o Presebbio. Ma insomma, mi volete la-
sciare tranquillo? (*Perde le staffe e grida furente*) Non
posso essere distratto! Aggia fa' 'o Presebbio!

CONCETTA (*sorpresa da quel tono insolito, osserva ironi-
ca*)   Lucarie', tu stisse facenno 'a Cupola 'e San Pie-
tro? (*Internamente suona il campanello dell'ingresso*).
E miettece duie pasture ncoppa, come vanno vanno...
(*Esce per la porta di fondo. Dopo poco, dall'interno,
chiede con meraviglia*) E tu che ffaie ccà, a chest'ora?

Entra Ninuccia seguita da Concetta che si ferma a guardarla preoccupata. Ninuccia è la prima figlia di Luca e Concetta. Veste un elegante abito invernale: cappello, guanti e borsetta; ostenta diversi bracciali d'oro massiccio. È ancora furente e accaldata per un'ennesima lite avuta con il marito.

LUCA   Ninu', tu staie ccà?

NINUCCIA   Bongiorno, papà. (*Prende una sedia e la colloca sgarbatamente al centro della stanza fra Luca e Concetta, e siede ingrugnita e torva*).

I due genitori si guardano significativamente, ognuno per quello che pensa dell'altro, Concetta enigmatica nei confronti di Luca incassa le accuse che egli le rivolge. Cessato il gioco mimico, con una santa pazienza e con dolcezza, Luca si rivolge alla figlia.

LUCA   Ch'è stato? (*Ninuccia tace*). Te si' appiccecata n'ata vota co' tuo marito? (*Ninuccia non risponde*). Io non capisco... Quello è un uomo che ti adora. Non ti fa mancare niente: ti mantiene come una gran signora, t'ha miso quell'appartamento! È un uomo ch'adda faticà, ha bisogno della sua tranquillità. Tiene centinaia di operai che dipendono da lui, tiene i pensieri! Perché vi siete contrastati? (*Ninuccia rimane ostinatamente muta*). Perché vi siete contrastati? (*Visto che la figlia non risponde, tenta di usare un tono piú forte e risentito nel ripetere la domanda*) Perché vi siete contrastati? (*Ma la domanda ottiene lo stesso risultato per cui Luca, rivolgendosi a sua moglie e indicando sua figlia, sentenzia convinto*) Questo è un altro capolavoro tuo!

Concetta, incurante di quell'apprezzamento, prende una sedia, la avvicina a quella della figlia e inizia con lei un dibattito sommesso e convenzionale che assomiglia piú a un bisbiglio, a un farfugliare che a un vero e proprio discorso. Luca tende l'orecchio, ansioso di raccogliere almeno una di quelle frasi che lo possa mettere in condizione di ricostruire il filo misterioso dell'accaduto. Visto e considerato che il tentativo fallisce, esclama indignato:

LUCA   Insomma, io non devo sapere niente!

CONCETTA (*quasi commiserandolo*)   Ma che devi sapere! Che vuó sapé... Fa' 'o Presebbio, tu...

LUCA   Tu sei la mia nemica! Te l'ho detto sempre. Aggia fa' 'o Presebbio? E faccio 'o Presebbio! Che gente! Giesú, Giesú... Io nun me faccio capace! Però, se succedono guai, da me non ci venite. Se succedono guai, io faccio 'o Presebbio. (*Prende il barattolo con la colla*) Mo vaco a scarfà 'a colla... Ve la piangete voi e le vostre anime dannate. Che razza di gente: nemica del proprio sangue! (*Le due donne riprendono a parlare sottovoce, senza dare importanza a ciò che egli dice. Luca tende ancora l'orecchio, ma disarmato di fronte all'impossibilità di comprendere, rinunzia definitivamente*) Niente, niente... Fra madre e figlia è un altro linguaggio! (*Ed esce borbottando*).

CONCETTA (*libera della presenza del marito, chiede a Ninuccia la conclusione di ciò che le stava raccontando*)   E accussí?

NINUCCIA   Aggio avutate 'e spalle e me ne sono andata.

CONCETTA (*allarmata*)   Uh, mamma mia, ma che si' pazza? E chillo mo viene qua.

NINUCCIA   Io non ne posso piú! È un uomo che mi tormenta con la gelosia.

CONCETTA   Ma cara mia, tu dovresti camminare un poco piú diritta... Io te so' mamma e t' 'o pozzo dicere.

NINUCCIA   Ma perché, che faccio io? Che faccio? (*Poco riguardosa verso sua madre*) Ma non mi fate ridere! Il fatto vero è che io sono una stupida. Questo sí! Faccio solamente chiacchiere. Devo fare i fatti? E io li faccio. (*Trae dalla borsetta una lettera e la mostra a sua madre*) Ecco qua. Lo lascio, me ne scappo. (*E legge l'intestazione della busta*) «Per il signor Nicola Percuoco. Urgente». (*Trae il foglietto dalla busta e ne legge il contenuto*) «Il nostro matrimonio fu un errore. Perdonami. Sono innamorata di Vittorio Elia e fuggo con lui questa sera. Addio. Ninuccia».

CONCETTA (*terrorizzata*) Ma che si' pazza? E tu 'o vuó fa' murí a chillo pover'ommo... (*Maternamente violenta*) Faccia tosta che sei! Damme sta lettera... (*E s'avventa sulla figlia per strapparle la lettera di mano. Ninuccia resiste*). Damme sta lettera, te dico!

NINUCCIA No, mammà! No!

CONCETTA (*con un ultimo sforzo riesce a strappare la lettera alla figlia*) Lascia!

NINUCCIA (*indispettita*) E va bene, pigliatavèlla! (*Siede rabbiosa*).

CONCETTA (*si avvicina al mobile e quasi piangendo si rivolge implorante all'immagine sacra della Madonna*) Madonna mia, Madonna mia... trova tu na strada! (*Poi, rivolgendosi a Ninuccia, afferma decisa*) Beh, se dici un'altra volta quello che hai detto, l'uocchie mieie nun 'e vvide cchiú! Chillo t'è marito, ch'è fatto, uno qualunque? Quanno nun 'o vulive bbene, ce penzave primma.

NINUCCIA Io nun 'o vulevo! Voi m' 'o vulisteve da' pe' forza!

CONCETTA Ma mo è fatto e non c'è piú rimedio.

NINUCCIA E io me ne scappo.

CONCETTA E io te mengo na cosa nfaccia!

NINUCCIA (*inviperita*) E a chi aspettate? Fatelo! Uccidetemi pure... (*Imprecando contro il suo destino*) Ma perché sono stata cosí disgraziata? Però ricordatevi che io non sono piú stupida come una volta... Adesso non potete fare di me tutto quello che volete. I nervi so' nervi e io non li controllo piú. Comme stongo mo cu' 'e nierve, scasso tutte cose!

CONCETTA (*disarmata di fronte a quella insolita ribellione*) Neh, guè...!

NINUCCIA Sí, scasso tutte cose! (*E come una forsennata gira per la stanza e manda in frantumi tutto ciò che trova a portata di mano: la scodella che è servita per la zuppa di latte di «Nennillo», il piatto che la ricopriva, gli oggetti che sono sul comodino, perfino tre o quattro gingilli di gesso e terracotta che facevano bella mostra sul comò. Non contenta, raggiunge il Presepe in costruzione e lo riduce a pezzi. Concetta, avvilita, siede ai piedi del letto grande e inavvertitamente lascia cadere la lettera in terra tra i cocci dei piatti e degli altri oggetti. L'ira di Ninuccia è placata. Scoppia a piangere e siede di nuovo, nascondendo il volto tra le mani)* Site cuntenta, mo?

LUCA *(entra dalla destra, tutto compreso nel rimescolare lentamente la colla sciolta nel barattolo. A due passi dalla porta si ferma perché ha urtato col piede contro un coccio di piatto. Osserva intorno il danno arrecato da Ninuccia, vede la moglie che piagnucola, e chiede preoccupato)* Ch'è stato?

CONCETTA   Niente, niente...

LUCA   Niente?! Ccà pare Casamicciola... *(Solamente ora si accorge della fine pietosa del suo Presepe. Trasale, sbarra gli occhi e con voce rotta dalla rabbia chiede alle donne)* 'O Presebbio?! Chi è stato che ha scassato 'o Presebbio?

CONCETTA   È stata figlieta, 'a vi'? Pigliatella cu' essa.

LUCA   Cu' essa? Me l'aggia piglià cu' donna Cuncetta! Cunce', te l'ho detto sempre: tu sei la mia nemica! Ecco l'educazione che hai dato ai tuoi figli, e questi sono i frutti che raccogli! *(Ora sbraita senza riserve)* Ma io me ne vado! Vi lascio a tutti quanti, vi saluto! Vado sopra a una montagna a fare il romito!

CONCETTA *(sentendosi vittima, calpestata e avvilita)* Io... Io... E sempe cu' me, tutte cu' me... *(Come presa da una furia improvvisa, grida istericamente e gesticce come una folle)* Nun ne pozzo cchiú! Nun ne pozzo cchiú! M'hanno distrutto! Marito, figli, parenti... Nun ne pozzo cchiú! *(Finalmente, come presa da deliquio, lentamente si piega su se stessa, riversa ai piedi del letto, col capo contro i materassi)* Aiutatemi...

LUCA   È morta muglierema...

NINUCCIA   Mammà, mammà, ch'è stato? *(Corre verso di lei e la soccorre).*

LUCA *(passando davanti al comò ed ai santi, si toglie il ber-*

retto) Mado', famme 'a grazia! (*Poi corre verso il fondo e chiama*) Pascali', Pascali', sta murenno muglierema! (*Si avvicina al letto dove ora giace Concetta*) Cunce', parla!

PASQUALE (*dal fondo*)   Ch'è stato, Lucarie'?

LUCA   Sta murenno muglierema...

PASQUALE   Tu che staie dicenno?

LUCA   Vai a pigliare la bottiglia coll'aceto.

PASQUALE   Non ti allarmare, è cosa 'e niente. (*Esce per la destra*).

LUCA   Cunce', parla, fa' un discorso... Parla, Cunce'! (*La scuote*) Cunce'...

NINUCCIA   Piano, piano...

PASQUALE (*torna con la bottiglia dell'aceto e la porge a Luca*)   Ccà sta 'acito...

LUCA (*prende la bottiglia e la mette sotto il naso di Concetta, dicendo al fratello*)   Accendi le candele! (*Pasquale prende dalla tasca la scatola dei fiammiferi, ne accende uno e si accinge ad accostare la fiamma alla candela più vicina*). Apri gli occhi, Conce'...

CONCETTA (*reagisce all'odore dell'aceto, apre gli occhi e farfuglia*)   Sí, sí...

LUCA (*fermando il gesto di Pasquale*)   Aspetta Pasca'... Stuta, stuta: sta parlanno.

Pasquale rimette il candeliere a posto e si avvicina al letto.

NINUCCIA   Mammà, come vi sentite?

CONCETTA (*con un filo di voce*)   Aiutateme, aiutateme...

PASQUALE   Ma se pò sapè ch'è stato?

CONCETTA (*evasiva*)   Niente, niente...

LUCA   È inutile che domandi, perché qua non si può sapere niente.

PASQUALE (*reggendosi a stento i pantaloni come ha fatto fino a quel momento*)   Lucarie', tuo figlio s'ha arrubbato pure 'e bretelle...

LUCA (*repentinamente si sgancia la cinghia e la porge al fratello come per tacitarlo*)   Pigliate chesta.

PASQUALE (*accettando l'offerta di buon grado*)   Ma come
si deve fare con quel ragazzo?

LUCA   È mariuolo, Pasca'. È una cosa assodata, è inutile
parlarne. Tròvate na camera mobiliata...

PASQUALE   Sí, m' 'a trovo, m' 'a trovo... Non si può vive-
re con questo incubo in casa. (*Si avvia per andarsene in
camera sua, e continua a borbottare fra sé, convincendo-
si sempre piú che presso i parenti non c'è posto per lui*)
Me ne devo andare... me ne devo andare. E che aspet-
to, ca nu juorno 'e chiste s'arrobba pure a me 'a dint'
'o lietto? (*Ed esce*).

LUCA (*avvicinandosi al letto, chiede teneramente a sua mo-
glie*)   Mo comme te siente?

CONCETTA (*con un tono di voce piú rassicurante*)   Eh...
nu poco meglio.

LUCA   Tu nun m'he 'a fa' mettere appaura a me... (*Com-
mosso*) He 'a vedé che paura me so' miso! Conce', ccà
simme rimaste io e te solamente... 'E figlie nun 'e dda'
retta, tanto se sape 'a riuscita che fanno. Cunce', penzam-
mo a nuie. (*Con sincera amarezza*) Hai voglia 'e te sacri-
ficà pè lloro... È comme si nunn 'e facisse niente... Cun-
ce', si tu muore, moro pur'io! (*Un nodo di pianto gli
stringe la gola; si toglie gli occhiali e si asciuga una
lacrima*) Come ti senti?

CONCETTA   Meglio.

LUCA (*a Ninuccia*)   Si vede: ha miso culore n'ata vota.

NINUCCIA   Sí, sta meglio.

LUCA (*ferma lo sguardo sul Presepe distrutto e dopo una
piccola pausa, dice quasi fra sé*)   Mo miettete a fa' 'o
Presebbio n'ata vota...

NINUCCIA   Papà, voi pensate 'o Presebbio?

Dall'interno squilla il campanello della porta d'in-
gresso.

LUCA   Apro io, tu statti vicino a mammà. (*Si avvia per
uscire; passando davanti al comò si toglie il berretto
accennando un fuggevole ringraziamento verso le sacre
immagini, ed esce*) Grazie...

NINUCCIA (*implorante, come per chiedere scusa per lo scatto di poc'anzi*)   Mammà...!

CONCETTA   Tu me vuó vedé morta, a me. Ma comme, tu scrive chella lettera? Tu lo sai che tuo marito è un uomo positivo. Se quello ha la certezza di una cosa simile... chillo t'accide! Siente a mammà: giurami che questa lettera non ce la mandi, che ci fai pace e finisce questa storia.

NINUCCIA (*poco convinta*)   T' 'o giuro, mammà.

LUCA (*entrando con Nicolino*)   Niculi', stava morendo mia moglie...

NICOLINO (*è un uomo sui quarantacinque anni; veste con eleganza vistosa, porta diversi anelli e una spilla d'oro alla cravatta; i suoi gesti sono lenti, compassati; è piú furbo che intelligente; per correre dietro alla moglie dopo la lite in casa sua, si è vestito in fretta, per cui non ha badato ai dettagli della sua toletta: il panciotto è abbottonato storto, la cravatta annodata alla meglio, il lembo posteriore della camicia fuori della giacca*)   Voi che dite?

LUCA   Ce l'avimmo vista perza p' 'e mmane.

NICOLINO (*s'avvicina al letto, affettuosamente*)   Mammà, ch'è stato?

CONCETTA   Niente, nu giramento 'e capa.

LUCA   Mangia poco, mangia come un uccellino. Pure i dispiaceri... È arrivata Ninuccia tutta turbata... Io l'ho capito che vi siete contrastati, ma non ho potuto sapere la ragione. Perché vi siete contrastati?

NICOLINO   No, niente...

LUCA (*rivolto alle due donne*)   Permesso. (*Trae il genero in disparte*) No, sai che d'è, Niculi': quella Concetta mi mantiene all'oscuro, non mi dice mai niente per non darmi dispiaceri... Lo fa per bene, povera donna. Ma fra uomini *potiamo* parlare. Perché vi siete contrastati?

NICOLINO   No, niente...

LUCA (*esasperato dal ripetersi di quella risposta*)   Questa è una società...

NICOLINO (*alla moglie, conciliante*)   Ma insomma, avimm' 'a fa' l'opera? (*E nel girarsi verso sua moglie, mostra a Luca lo stato in cui si trova la camicia. Luca se ne meraviglia, ma non osa richiamare l'attenzione degli altri*) Dobbiamo fare storie come se fossimo due ragazzini. (*Rivolto a Luca*) Io so' n'ommo serio!

LUCA (*guardando la camicia*)   E io questo dico...

CONCETTA (*con uno sguardo significativo a Ninuccia*)   È stato un malinteso, meh: facite pace.

NICOLINO (*cordiale*)   Io pe' me, so' pronto. Chella è essa che non la potete capí 'e nisciuna manèra.

LUCA   Devi avere pazienza. (*Entra Tommasino, torvo e ingrugnito e si siede sul letto, in disparte*). Ah, sei tornato? È finita la superbia.

TOMMASINO   Faccio prima Natale e poi me ne vado.

LUCA   E io lo sapevo! (*A Nicolino*) Che ci vuoi fare, Niculi', io sono stato disgraziato con i figli. 'O masculo è peggio d' 'a femmena. Colpa tua, Conce'... nun te piglià collera e nun te fa' vení svenimento. Sei stata debole. (*Alludendo a Ninuccia*) 'A femmena, devo dire la verità, è colpa mia. Sai, prima figlia... 'a femmina... So io quello che mi è costata: dolori, dispiaceri... (*A Concetta*) Te ricuorde quanno stette malata? Ebbe il tifo nella pancia. Facettemo 'o voto 'a Madonna. (*Si toglie il berretto*) I figli sono gioie e dolori... Poi lo studio: leggeva, leggeva... tenevamo una casa piena di libri. Perché ha studiato veramente lei. Quello, (*indica Tommasino*) è *alfabetico*, ma questa no, questa quando apre la bocca, parla. 'A notte fino a tardi: le due, le tre e mezza, leggeva ancora. «Ninu', stuta 'a luce». E lei rispondeva: «Eh, per un poco di luce!» Io po' pare che volevo risparmiare la luce... È perché il sonno della notte fa bene ai ragazzi... Te l'ho detto: gioie e dolori. Poi ti presentasti tu, per la domanda di matrimonio. Il colpo di grazia!

NICOLINO   Eh, addirittura!

LUCA   Niculi', qua fino al giorno del matrimonio, si piangeva notte e giorno.

NICOLINO   E che si sposava, un delinquente?

LUCA   Per carità! Io te voglio bene. È vero, Cunce': io parlo sempre di Niculino.

CONCETTA   Come no?

LUCA   È questione che tu dicesti: «Io ho già comprato l'appartamento per il matrimonio», noi invece pensavamo di fare una casa.

NICOLINO   Capirete, ci sono delle esigenze... le relazioni con gli altri commercianti...

LUCA   Certo. E voi fate sempre ricevimenti. Tu hai diritto. Ma pensa un padre che si vede togliere la figlia femmina che si sposa e se ne va... (*Si commuove al pensiero*) Che vuoi sapere... Che vuoi sapere... (*Fissando Tommasino, considera ed ammette il caso paradossale*) Ti potevi sposare a quello. (*Indica Tommasino*) Ti facevo una statua d'oro! (*Ne ride con gli altri*).

TOMMASINO   E già, io poi mi sposavo a lui.

LUCA   No, io dico se tu *evi* femmina.

TOMMASINO   Non me lo sposavo.

NICOLINO (*scherzando*)   E io mi sposavo a te?

TOMMASINO   Stiveve fresche tutt' 'e dduie.

LUCA   Che c'entra? Io dico se tu *evi* femmina.

TOMMASINO   Non me lo sposavo.

LUCA   Ma che discorso inutile. Scusa, Niculi'. (*Al figlio*) Se tu *evi* femmina... Sei femmina, tu?

TOMMASINO   No.

LUCA   Se tu *evi* femmina, io, come padre che comanda e il figlio deve sottostare, io ti dicevo «Sposate a Niculino», tu te lo dovevi sposare.

TOMMASINO   Se io *evo* femmina, ti rispondevo: «Non mi piace».

LUCA   Ma tu capisci, quello mi deve contraddire pure con le cose impossibili!

NICOLINO   È carattere.

LUCA (*taglia corto e ripiglia il discorso di prima*)   Andiamo, su: fate pace, voi due, e nun ce facite sentí nuvità.

Concetta spinge Ninuccia verso Nicolino, e Luca spinge questi verso Ninuccia.

TOMMASINO (*nel girarsi, Nicolino ha mostrato il lembo di camicia che esce fuori della giacca*) Uh, Niculino c' 'a pettola 'a fore!

Nicolino se ne accorge e scappa in cucina per rimettersi a posto.

LUCA (*a Ninuccia*) Tu l'hai fatto perdere 'a capa a quello. Per correre appresso a te, ha fatto una bella figura. (*A Tommasino*) Io pure me n'ero accorto, ma aspettavo il momento giusto per dir:elo. Ma come, cosí si dice? «Niculino c' 'a pettola 'a fore!»

TOMMASINO E come si dice?

LUCA Si chiama in disparte, e si dice: «Senta, lei tiene la pettola da fuori». (*Rientra Nicolino, e Luca lo spinge verso Ninuccia*) Non fate ridere la gente. Domani è quella santa giornata, e dovete stare in pace. Ve ne venite qua. Cuncetta ha preparato nu pranzo magnifico, non ci manca niente.

NICOLINO Aggio ordinato quattro aragoste, v' 'e manno stasera.

CONCETTA Volevo fa' 'o ppoco 'e spesa pè stamatina. Mo scendo nu momento.

LUCA Addó vuó ji'? Cunce', tu te si' ntisa male, ma che te ne vuoi andare all'altro mondo? Mo scendo io.

NICOLINO Ma niente affatto, ci penso io... Vi mando tutto per un giovane mio.

LUCA Sí, ma non esagerare. Noi ci vogliamo mantenere leggieri. Nu poco 'e brodo vegetale... Ninuccia conosce le verdure che ci vogliono... e cinquecento grammi di tubetti.

NICOLINO Ma che dovete fare co' sto brodo vegetale? Mo vi mando una bella gallina!

LUCA E certo, quello il brodo di gallina è sostanzioso... ma noi ci vogliamo mantenere leggieri. Brodo vegetale e cinquecento grammi di tubetti.

NICOLINO Ma niente affatto, vi dovete sostenere. Io vi mando una bella gallina.

LUCA (*testardo*) Tu mànneme a gallina, ma io mi faccio 'o brodo vegetale.

Concetta e Ninuccia, parlando fra loro, sottovoce, escono dalla stanza.

NICOLINO   Stateve buono, papà.

LUCA (*alludendo alla figlia*) Devi avere pazienza... Io non so perché vi siete contrastati, ma ti dico: agge pacienza.

NICOLINO   Ma vi pare!

LUCA   Io conosco il carattere di Ninuccia e capisco che non è facile per te di assecondarla in tutti i capricci. (*Con trasporto*) La devi volere bene. Io tengo un'età, e pure Concetta, Dio lo sa... Ninuccia è la luce degli occhi miei, e devo sapere che quando non ci sono piú, per lei ci sta un uomo come te che la comprende e la considera, se no, io mòro dannato...

NICOLINO (*sincero*) Ma ve pare, papà! Io 'a voglio tanto bene e tanto bene... (*Non osa aggiungere che sarebbe capace perfino di perdonare un tradimento*).

LUCA   Grazie, grazie! (*E dopo aver stretto significativamente la mano di Nicolino, la porta alle labbra e la bacia*).

NICOLINO (*non fa in tempo a sottrarre la mano e ne rimane mortificato*) Ma che fate? Sono io che devo baciare la mano a vòi. (*E gliela bacia*).

LUCA (*fa per ritirare la mano, ma Nicolino, credendo che gliela voglia baciare di nuovo, non la lascia andare, e cosí Luca esclama concitato*) Lascia, Nicoli', lascia 'a mano!

NICOLINO   Ma niente affatto! (*E la trattiene*).

LUCA (*perentorio*) Nicoli', làssa! (*E ritira la mano, mostrando i pantaloni che a stento riesce a tenere su con la sinistra*) Se ne cade 'o cazone!

NICOLINO   E scusate, metteteve na cinta. Stateve bbuono.

LUCA (*si avvia con lui, sorridendo gli mostra i cocci sparsi per la stanza*) Chella ha scassato meza casa.

NICOLINO (*avviandosi verso l'uscita*) E fate una noticina,
   mi fate sapere quant'è.

LUCA Ma che si' pazzo? Tutta robba vecchia. Nun 'o dice-
   re manco pe' pazzia.

NICOLINO A domani sera. (*Ed esce*).

LUCA (*nel raccogliere i cocci trova per caso la lettera di Ni-
   nuccia che Concetta ha lasciato cadere per terra. Incu-
   riosito la raccoglie, ne legge l'intestazione e chiama suo
   genero che non ha ancora raggiunto le scale*) Niculi'!

NICOLINO (*torna indietro e si affaccia alla porta di fon-
   do*) Dite, papà.

LUCA Questa è roba tua.

NICOLINO (*credendo di avere smarrito sul serio una sua
   lettera, ne legge l'indirizzo e poi l'intasca*) Grazie, pa-
   pà. A domani sera.

LUCA Facciamo una bella vigilia, in grazia di Dio. (*Nicoli-
   no esce, Luca fila dritto verso il Presepe danneggiato,
   mentre Tommasino, assente completamente a tutto ciò
   che si è svolto in quella camera intorno a lui, ha costrui-
   to un Pulcinella di carta e lo fa muovere, divertendosi
   un mondo. Luca raggiunge il Presepe e si accinge al
   lavoro*) Mo miettete a fa' 'o Presebbio n'ata vota...

ATTO SECONDO

La stanza da pranzo di casa Cupiello. Una porta comune in fondo e due laterali: quella di sinistra dà in cucina, quella di destra nelle altre stanze dell'appartamento. In fondo a sinistra una credenza sulla quale trionfano tutte le specialità natalizie; non manca la rituale «croccante», gli struffoli e la pasta reale. Al centro, il tavolo da pranzo imbandito per le grandi occasioni. In fondo a destra, ad angolo fra le due pareti, occupa il posto d'onore il Presepe ultimato. Il lampadario centrale è addobbato con stelle d'argento e oggettini natalizi. Quattro lunghi festoni di carta velina colorata, partendo dal centro del lampadario raggiungono gli angoli della stanza. È sera, le ventuno circa. Si aspettano Ninuccia e Nicolino per fare onore al pranzo della Vigilia e per andare alla rituale messa di mezzanotte. Concetta siede accanto al tavolo, stacca le cime dai rigogliosi broccoli di Natale e le ammassa via via in una grossa insalatiera. Intanto conversa con Raffaele il portiere, il quale, con finto interesse, ascolta forse per l'ennesima volta le medesime cose.

CONCETTA Don Rafe', mi credete, mi è venuto lo sconfido...

RAFFAELE Ma c' 'o dicite a fa'... io saccio tutte cose...

CONCETTA C'avit' 'a sapé... che avit' 'a sapé... Io sono una povera martire. 'O cielo m'ha voluto castigà cu' nu marito ca nun ha saputo e nun ha voluto fa' maie niente. In venticinque anni di matrimonio m'ha cunsumata, m'ha ridotto nu straccio. Che so' cchiú chella 'e na vota? E se non era pe' me, chissà quanta vote sta casa sarebbe andata sotto sopra.

RAFFAELE   Io e mia moglie lo diciamo sempre: vuie avi-
vev' 'a nascere c' 'o cazone!
CONCETTA   Adesso avete detto una cosa santa. (*Indican-
do il Presepe*) Vedete se è possibile: n'ommo a chell'e-
tà se mette a fa' 'o Presebbio. So' juta pe' le dicere: «Ma
che 'o ffaie a fa'»... voi capite, don Rafe', nuie nun te-
nimmo criature, me pare na spesa e nu perdimento di
tempo inutile... sapete che m'ha risposto? «'O faccio pe'
me, ci voglio scherzare io!» Che ne volete sapere... Ades-
so è uscito.
RAFFAELE   E come correva!
CONCETTA   È andato a San Biagio dei Librai, dice che do-
veva comprare certi pastori che si sono rotti.
RAFFAELE   Vuie putisseve sta' dint' 'a pace degli angeli.
'A figlia vosta s'è sistemata bene. Tummasino... ve da'
nu poco 'e pensiero, è ovè?
CONCETTA   Fosse tutto p' 'o masculo! Se capisce, è giuvi-
notto, fa qualche pazzaria, ma è l'età: tutto è perdonabi-
le. Don Rafe', 'o guaio 'e chesta casa è mio marito.
RAFFAELE (*sorridendo*)   Ce vo' pacienza. E 'a figlia vosta
fa Natale cu' voi?
CONCETTA   Embè, se capisce. Piú tardi viene assieme al
marito.
RAFFAELE   Pe' cient'anni e cu salute. Siete rimasta conten-
ta dei capitoni?
CONCETTA   Sí, so' belle... A me me fanno schifo: Lucariel-
lo ce va pazzo.
RAFFAELE   Tanti auguri, e se avete bisogno di me, chiama-
temi.
CONCETTA   Stateve bbuono.

Raffaele esce.

PASQUALE (*sbraita dall'interno*)   E mo basta, mo! Chesta
è na storia c'adda férni. Mo me so' stancato, mo!
CONCETTA (*gridando*)   Ch'è stato?
PASQUALE (*entrando nervosissimo*)   E che deve essere,
donna Conce'? È sparita un'altra cinque lire. Ma che

vaco arrubbanno? Io per guadagnare cinque lire devo cecare una settimana intera a fa' nummere dint' 'o Banco Lotto... Che porcheria! Ma sta vota 'o trovo, 'o mariuolo. 'O trovo, pecchè ieri sera feci un segno su tutti i soldi! Si trovo 'a cinque lire cu' 'a croce ncoppa me faccio attaccà pe' pazzo.

CONCETTA (*sulle sue*) Ma chi volete ca s' 'a pigliava, sta cinque lire vostra?

PASQUALE Donna Conce', qua sti servizielli li fa Nennillo.

CONCETTA Don Pasquali', badate come parlate. Nennillo danare dint' 'a casa nun ne tocca.

PASQUALE 'Onna Cunce', chillo è nu brigante! Ma io non capisco, voi lo difendete pure! Vi pare, io sono lo zio, è figlio a mio fratello, 'o pozzo vulé male? È questione che più di una volta l'aggio ncucciato cu' 'a mano dint' 'o gilè mio.

CONCETTA Chillo va truvanno sempe quacche làppese...

PASQUALE Qua' làppese! Aiere nun ha cunfessato che s'aveva arrubbato 'e scarpe e 'o cappotto?

CONCETTA (*minimizzando*) Quello fuie na cumbinazione...

PASQUALE M'ha chiamate cumbinazione?

CONCETTA Va bene, comme vulìte vuie...

TOMMASINO (*dall'interno*) Entra, Vitto', entra.

PASQUALE 'O vví lloco, stu bello mobile. (*Si prepara allo scontro che dovrà avere con suo nipote*).

TOMMASINO (*entrando*) Viene, te staie n'atu ppoco cu' me e poi te ne vai.

VITTORIO (*è un giovane sui venticinque anni, dall'aria seria e piuttosto malinconica. Veste con eleganza sobria, porta un cappotto invernale ed ha i guanti. Nell'entrare scorge Concetta e ne prova un certo disagio; abbassa gli occhi e riesce appena a dire confusamente un generico*) Buonasera.

CONCETTA (*lo fulmina con uno sguardo e a denti stretti risponde*) Buonasera.

TOMMASINO Mammà, ccà sta Vittorio, l'amico mio.

CONCETTA (*evasiva*) Bravo, me fa tanto piacere.

TOMMASINO (*insospettito dall'andirivieni di Pasquale, i*

quale non gli risparmia di tanto in tanto occhiatacce di minaccia, tasta il terreno)   Zi' Pasquali', buonasera.

PASQUALE (*sostenuto*)   Buonasera. (*Gira ancora per la stanza, poi di sorpresa affronta il nipote, puntandogli l'indice sul muso*) Tu t'he pigliata 'a cinque lire 'a sopra 'a culunnetta. Non negare!

TOMMASINO   Io? Quando mai!

PASQUALE   O sputi la cinque lire o te ntosseco Natale!

TOMMASINO   Io nun m'aggio pigliato niente... So' cose 'e pazze! È possibile che io debbo essere offeso davanti agli amici? (*Si scioglie in un pianto dirotto, sproporzionato e incredibile*).

PASQUALE   È inutile che vai a quaglia: pos' 'a cinque lire!

CONCETTA (*risentita e commossa*)   Don Pasquali', mo me pare c' 'a putisseve ferní. M' 'o facite chiagnere cu' 'e ilacreme sta povera anema 'e Dio. (*Accoglie «Nennillo» sul suo seno e lo accarezza maternamente*) Viene 'a ccà, bello 'e mammà.

PASQUALE   E solo tua madre si può commuovere a questo pianto di sciacallo.

TOMMASINO (*volgendosi torvo e minaccioso verso lo zio*)   Chissà qua' vota 'e cheste...

PASQUALE   Neh, quello minaccia! Guè, io sono il fratello di tuo padre, sa'! E mo che viene gli dico tutte cose. Sputa le cinque lire.

CONCETTA   Ma vedite bbuono. Fosse caduta nterra?

PASQUALE   Donna Cunce', io aggio fatta 'a cammera spingola spingola. Eppure ve voglio fa' cuntenta. Adesso vado a vedere un'altra volta. Se non trovo la cinque lire me faccio attaccà pe' pazzo!

TOMMASINO   Però ci andiamo insieme.

PASQUALE   Pecchè, se trovo la cinque lire, dico che non l'ho trovata?

TOMMASINO   Non lo so, ma io devo stare presente. Se si trova la cinque lire, te lo giuro sull'anima santa di mia madre...

PASQUALE   Giesú, quella è viva, chillo dice «sull'anima santa»!

TOMMASINO   Perché, l'anima la tengono solo i morti? Te

lo giuro sull'anima viva santa di mia madre: mi metto in mano all'avvocato.

PASQUALE   E io ti faccio un giuramento sacro, un giuramento che non ho mai fatto nella mia vita: te lo giuro sul direttore del Banco Lotto di Napoli, che se non trovo la cinque lire, ti faccio fare Natale al Pronto Soccorso.

TOMMASINO   E mo vediamo.

PASQUALE   E mo vediamo.

Escono.

VITTORIO (*commentando la freddezza con cui Concetta lo ha accolto*)   Donna Conce', ho fatto proprio male a salire?

CONCETTA   Voi ve ne dovete andare. Stasera viene mia figlia col marito a fare Natale con noi e non ci vogliamo amareggiare la serata.

VITTORIO   Ma perché?

CONCETTA   È inutile che facite 'o scemo. E stateve accorto, perché il marito sa tutto.

VITTORIO   Sa tutto?

CONCETTA   Per una lettera che mio marito, senza sapere niente, ha consegnato nelle sue mani. So io quello che c'è voluto per farli fare pace un'altra volta. (*Quasi piangendo*) Le mie lacrime...

VITTORIO (*dopo breve pausa, commosso afferma con trasporto*)   Donna Cunce', io 'a figlia vosta 'a voglio bene!

CONCETTA (*come di fronte a una enormità incredibile*) Uh, Madonna mia, chillo m' 'o dice nfaccia! Come se mia figlia non fosse sposata. È maritata, lo volete capire, sí o no? Ma vuie a chi síte venuto a nguaià? Ringraziate a Dio che sono sola. Maritemo è comme si nun 'o tenesse... Mio figlio, nun ne parlammo, chillo è guaglione... Pecchè si tenesse a n'ato ommo vicino, questa storia sarebbe già finita.

VITTORIO (*sincero*)   Non vi amareggiate, me ne vado. (*Dopo breve pausa*) Voi non sapete quello che stiamo sof-

frendo io e vostra figlia. Nun 'o vo' bene 'o marito, nun
'o vo' bene!

CONCETTA (*sapendo di asserire il falso*) 'O vo' bbene! E
vi prego di andarvene. Uscite immediatamente. (*Ed
esce svelta, precedendolo*).

Vittorio gira sui tacchi e lentamente si avvia, ma si
ferma perché Concetta ritorna allarmata, gli blocca il
passo e gli fa dei segni incomprensibili. Dopo poco appa-
re Luca, e non si accorge della presenza di Vittorio. Si
libera del cappello che poggerà su una sedia, poi entra.

LUCA (*a Concetta*) Dovevi scendere?

CONCETTA (*confusa*) No.

LUCA E perché hai aperto la porta?

CONCETTA Mi credevo che tu avevi tuzzuliato.

LUCA No, io non ho tuzzuliato. Perché hai aperto la
porta?

CONCETTA Aggio penzato che stive arrivando e aggio
aperta 'a porta.

LUCA Hai pensato che io arrivavo e hai aperto la porta...
E io so' arrivato veramente.

CONCETTA Eh!

LUCA Telepatia.

CONCETTA (*che non ha capito*) Già...

LUCA Sai che cos'è la telepatia?

CONCETTA No.

LUCA Quando io non busso e tu apri la porta. (*Nel girar-
si vede Vittorio e chiede a Concetta*) Chi è?

CONCETTA È n'amico 'e Tommasino. Se ne stava andan-
do. (*E cerca di congedare alla svelta Vittorio*) Andate,
andate.

LUCA Un momento. (*A Vittorio*) Voi siete amico di mio
figlio?

VITTORIO Lo vedo spesso.

LUCA (*presentandosi*) Luca Cupiello, il padre.

VITTORIO Vittorio Elia.

LUCA Elia... Mi fa piacere che mio figlio tiene amici an-
che, diciamo, signori... Si vede, vestito bene. Io ce lo

dico sempre a mio figlio di scegliere le amicizie, perché
alle volte un cattivo compagno guasta la pianta giovane.

VITTORIO   Certo...

CONCETTA   Andate che fate tardi.

LUCA   Aspetta, stiamo parlando!

CONCETTA   Ma chillo 'ave che ffa'...

LUCA   E tu pare che n' 'o vuó caccià! Hai offerto qualche
cosa? Un rosolio, un caffè...

CONCETTA   Non ha voluto.

LUCA (*a Vittorio*)   Un dolce... una pasta reale?

VITTORIO   No, è meglio no.

LUCA   Come volete. (*Poi, a freddo*) Avete visto 'o Prese-
pio?

VITTORIO   No, veramente.

LUCA (*a Concetta*)   Nun ce l'he fatto vedé?

CONCETTA (*con sopportazione*)   Lucarie'...

LUCA   Ma allora che l'aggio fatto a ffa'? (*Mostra il Prese-
pe a Vittorio*) Eccolo qua. Mettetevi da lontano, cosí
avete il colpo d'occhio. (*Lasciando Vittorio a qualche
passo di distanza, si avvicina al Presepe, schiaccia un
pulsante accendendo tante piccole «lucciole» natalizie
sulla sacra composizione, poi esclama con orgoglio*)
Che?!

VITTORIO   Bello.

LUCA   Questo l'ho fatto tutto io, sano sano.

VITTORIO (*bonariamente ironico*)   Senza aiuto di nes-
suno?

LUCA (*serio*)   Anzi, contrastato in famiglia: io solo.

VITTORIO   Bravo, bravo!

LUCA   Visitate, visitate. Io sono appassionato. Quando
viene Natale, se non faccio il Presepio mi sembra un
cattivo augurio. Abituato che la buonanima di mio pa-
dre lo faceva per me e mio fratello quando eravamo
piccoli... poi l'ho fatto per i figli miei...

VITTORIO   E quest'erba... L'avete messa pure voi, l'erba?

LUCA   Sí.

VITTORIO   Bravo, bravo.

LUCA (*dubbioso, a Concetta, in disparte*)   Chisto me pare
ca me sfruculèa...

CONCETTA E se capisce!

LUCA Come, se capisce! Io 'o dongo nu piatto nfaccia...
(*A Vittorio*) Ma non vi piace? Non è che vi deve piace-
re per forza... E poi il Presepio non si fa solo in casa
mia, a Natale si fa in tutte le case di Napoli... Ma non
vi piace?

VITTORIO Sí, sí!

LUCA (*mostrandogli un pacchetto*) Adesso sono andato a
comprare i Re Magi, perché quando ho aperto la scato-
la dove conservo i pastori, e se no a Natale è troppa
spesa, ne ho trovato uno con la testa rotta... Li ho cam-
biati tutti e tre, se no pareva brutto, uno nuovo e due
vecchi! (*Scarta le tre statuette, con gran cura*) Questi li
ho scelti in mezzo a centinaia di pastori. Faceva un fred-
do! Ma io mi sono scelti i piú belli. Gaspare, Melchior-
re e Baldassarre, che portavano i regali al Bambino Ge-
sú. Guardate le faccine.

VITTORIO Bellissimi! E questi li avete scelti voi solo?

LUCA Sí, io solo.

VITTORIO Bravo!

LUCA (*ormai certo che Vittorio lo prende in giro, rimette
i Re Magi nel pacchetto*) Voi siete amico di mio
figlio, ho capito! (*Va a spegnere l'illuminazione del Pre-
sepe, e si rivolge a Concetta*) Ninuccia col marito, so'
venuti?

CONCETTA No ancora.

LUCA L'altra figlia mia maritata. Vengono a passare il
Natale con noi. Quando viene Pasqua, Natale, queste
feste ricordevoli... Capodanno... allora ci *rinuriamo*, ci
nuriniamo... ci *uriniriamo*... (*Non riesce a pronunciare
l'espressione «Ci riuniamo»; sbaglia, annaspa ci ripro-
va... inutilmente*) Insomma, voglio dire... mia figlia non
abita con noi...

VITTORIO Ah, no?

LUCA E no! Quella ha sposato Nicola Percuoco, che sta
bene. La Ditta Percuoco... forse l'avete leggiuta la *licra-
ma* per la strada: DITTA PERCUOCO. Tiene centinaia di
operai che dipendono da lui. Tiene i pensieri. È fabbri-
cante di bottoni, oggetti di regalo, scopette, scatole,

specchi... ma il *guadambio* importante sono i bottoni.
Ha messo quell'appartamento! È overo, Cunce'?

CONCETTA (*annuisce*)   E comme no!

LUCA   Io quando vado a trovare mia figlia, che lei mi
invita sempre a mangiare, io dico: «Ninu', se mi vuoi
fare contento, fammi mangiare in cucina», perché è
grande, ariosa, tutta moderna. Ci sta un finestrone che
si vede il mare. Io mi metto là vicino con un tavolino a
mangiare e mi consolo. E 'o salone? Cunce', quant'è bel-
lo 'o salone...

CONCETTA   Bello, bello...

LUCA   Quadri, tappeti, argenteria. Ogni pezzo di mobile
è un capo d'opera. C'è anche il pianoforte. Non lo san-
no suonare, ma c'è. Il pianoforte è un mobile che ci
vuole in casa. Loro tengono sempre feste, ricevimen-
ti... Viene un maestro che lo suona, si canta, si *abbal-
la*... E allora, mesi e mesi non ci vediamo. Perché io
pure lavoro. Adesso perché sono giorni di festa, ma se
no la mattina alle sette e mezzo salto dal letto come un
grillo e alle otto e un quarto *stono* in tipografia.

VITTORIO   Tipografo?

LUCA   No, uomo di fiducia. Ho preso il posto che teneva
mio padre. Faccio pagamenti, mi affidano qualunque
somma... Poi ci ho le chiavi... Le tengo conservate per-
ché è una responsabilità... Concetta, fagli vedere le
chiavi.

CONCETTA   Eh, che faccio vedé? So' 'e chiave grosse d' 'a
tipografia...

LUCA   La sera chiudo, la mattina apro... e se no come
entrano? E dunque, come vi dicevo, mesi e mesi non ci
vediamo... Ecco che quando viene Natale, Pasqua, que-
ste feste ricordevoli... Capodanno... ci *rinuchiamo*... ci
ruminiamo... (*Prova ancora un paio di volte, finalmen-
te spazientito, decide di chiarire a modo suo quel concet-
to formulando una frase piú comune*) Vengono e man-
giamo insieme. (*Dopo una breve pausa, chiede a Concet-
ta*) E Tommasino?

CONCETTA   Sta dentro con tuo fratello, 'o quale ha perdu-
to cinque lire e dice ca se l'ha pigliate Nennillo nuosto.

LUCA   Già, come fosse una novità. Qua i soldi spariscono
veramente. Fatemi il piacere, don Vittorio, ditecelo
voi a Tommasino. Quello, *ammacare*, a un amico lo sta
a sentire, alla famiglia no. Ma adesso ho fatto un accor-
gimento, ho messo una trappolina... Si 'o ncoccio, a
Tommasino, 'o faccio fa' marenna, perché ladro no!

Dall'interno giunge l'ancora animatissimo dibattito di
Pasquale e Tommasino.

PASQUALE (*internamente*)   Come vedi non si è trovata.
TOMMASINO   Io sono innocente!
PASQUALE (*entrando scorge Luca, e incoraggiato dalla sua
presenza si avvicina al fratello*)   Lucarie', chisto s'ha pi-
gliato cinche lire!
TOMMASINO   Non è vero.
LUCA   Piano, piano, adesso assodiamo il fatto.
TOMMASINO   Io non ne so niente.
LUCA   Statte zitto! (*A Pasquale*) Pasquali', tu hai torto!
PASQUALE   Aggio torto?!
LUCA   E perché non puoi accusare senza avere la prova
irrefrenabile. Lo dici a me, io faccio l'indagine, e se è
stato lui ti do la soddisfazione. 'On Vitto', state presen-
te perché io lo devo mortificare davanti agli amici. (*A
Tommasino*) Viene qua, tu, fammi vedé dint' 'e sacche.
TOMMASINO (*indignato*)   Ma è cosa che io devo essere trat-
tato come un ladro?
LUCA   Io sono tuo padre. Famme vedé. (*Lo trae a sé e gli
rovista in tutte le tasche*) Si trovo 'a cinche lire... (*Tira
fuori una cravatta, da un'altra tasca una trottola e la
cordicella per metterla in azione, poi, finalmente, il bi-
glietto da cinque lire; in disparte, al figlio*) Eccola qua.
Ma è possibile che devi fare queste figure? (*Mostra il
biglietto al figlio avendo cura di non farsi scorgere da-
gli altri. Tommasino non reagisce, e come se fosse stato
suo diritto compiere quel gesto fissa spudoratamente i
suoi occhi in quelli del padre; Luca ha un'idea e gli
chiede bruscamente sottovoce*) Te piace 'o Presebbio?
TOMMASINO (*coglie a volo l'ambiguità di quella domanda*

e capisce che arrendendosi guadagnerebbe la solidarie-
tà del padre e il biglietto sarebbe suo. Rimane un atti-
mo in riflessione e in lotta con se stesso, ma poi decide
e afferma con fierezza) No.

LUCA *(mostrando a tutti il biglietto da cinque)* Ecco la
   cinque lire! *(La consegna a Pasquale).*

PASQUALE *(esultante)* E io lo sapevo!

LUCA Vergogna... Sei ladro.

TOMMASINO *(allusivo)* Ma non mi piace, però.

PASQUALE *(dopo avere osservato il biglietto da una parte*
   e dall'altra, trova finalmente il segno convenzionale che
   vi aveva tracciato e, a riprova di quanto aveva intuito,
   vi punta l'indice sopra per mostrarlo a tutti) Ecco la
   croce...

LUCA Famme vedé. *(Prende il biglietto dalle mani di Pa-*
   squale e l'osserva) Bella figura! Quello ci ha fatto il
   segno e adesso non puoi negare. *(Scorge sul biglietto*
   un altro segno, quello che aveva tracciato lui per coglie-
   re il figlio in flagrante. Per un attimo rimane dubbioso
   e perplesso. Poi trae in disparte il fratello e gli comuni-
   ca la gravità della constatazione) Pasca', qua ce sta 'a
   stella che ci ho fatto io.

PASQUALE Dove?

LUCA Qua. Siccome spesso mi mancavano i soldi, io ci
   feci un segno.

PASQUALE Sarà stato...

LUCA Allora tu arrobbe a me e isso arrobba a te...

PASQUALE Aspetta nu mumento...

LUCA Pasca', lascia stare i soldi miei. Io, Dio 'o ssape!

PASQUALE Sarà stata una coincidenza. Tu nce he fatta 'a
   stella? E io nce aggio fatto...

LUCA *(interrompendo)* 'A posta. N'avutata d'uocchie, è
   sparita 'a cinque lire. *(Pasquale non obietta piú nulla.*
   Rimane come preso in trappola). Adesso non posso di-
   re piú niente al ragazzo. Chillo dice: «Ccà pure 'o zio
   arrobba»... E va bene: è Natale, non ne parliamo piú.

PASQUALE *(al nipote)* Non lo fare piú.

LUCA *(allusivo)* Non lo facciamo piú.

VITTORIO Io me ne vado, vi tolgo il fastidio.

LUCA   Già ve ne andate?

CONCETTA   Sí, sí, se ne deve andare.

TOMMASINO   Statte n'altro poco.

VITTORIO   Mi dispiace, devo andare.

LUCA   E Natale dove lo fate?

VITTORIO   Io sono solo a Napoli, la mia famiglia sta a
   Milano. Mo me ne vado in una trattoria e poi mi ritiro.

LUCA   E restate a mangiare con noi.

CONCETTA (*istintivamente protesta assestando un pugno
   sulla schiena del marito*)   Ne facisse una buona...

LUCA (*risentito*)   Cunce', tu t'he 'a sta' cuieta! (*Massag-
   giandosi la schiena*) Io soffro coi reni. (*In disparte alla
   moglie*) Tieni la faccia della miseria. Il pranzo è già fatto,
   la roba ci sta... Che si può mangiare? Quello è signore,
   mangia poco. (*Poi deciso, rivolgendosi a Vittorio*) Senti-
   te a me, restate con noi. Pensando che ve ne andate
   solo in una trattoria, di questa serata, mi fate venire la
   malinconia... (*Egli stesso, aiutato da Tommasino e Pa-
   squale, toglie il cappotto a Vittorio, il quale protesta
   debolmente, ma poi si arrende*).

PASQUALE   Senza cerimonie, mio fratello ve l'ha detto
   con tutto il cuore.

VITTORIO   Lo credo, ma sapete...

LUCA   Se ve ne andate mi piglio collera. Siete amico di
   mio figlio e non posso permettere che ve ne andate a
   fare il Natale solo. (*Campanello interno*) Mia figlia col
   marito! Tummasi', aràpe 'a porta.

Tommasino esce svelto.

CONCETTA (*traendo in disparte Vittorio*)   Siete un mascal-
   zone.

VITTORIO   Signo', io non mi potevo rifiutare.

NINUCCIA (*vestita elegantemente, porta un pacco di dolci
   che consegnerà a sua madre*)   Auguri! (*Abbraccia la
   madre*).

NICOLINO (*consegnando un altro pacco di dolci a Lu-
   ca*)   Auguri a tutti! (*Si avvicina a Concetta e Ninuc-
   cia*).

LUCA (*aiuta il genero a togliersi il cappotto, lo piega e lo consegna a Pasqualino*) Pasquali', miettelo dint' 'o saluttino, ncopp' 'o divano.

PASQUALE Mo ci penso io. (*Si avvia, poi approfittando del momento di confusione, lascia correre la mano lesta prima in una tasca e poi nell'altra*).

La manovra non sfugge a Luca, che s'avvicina al fratello allarmato, e gli strappa il cappotto, nella cui tasca è rimasta imprigionata la mano temeraria.

LUCA Pascali', e che siamo arrivati, alla dogana!

PASQUALE (*confuso*) Stevo mettendo 'e guante dint' 'a sacca.

LUCA Seh... va bene! (*Intanto nota che Tommasino s'è avvicinato servizievole alla sorella e l'ha liberata del cappello e della borsa, e ora, palpeggiando quest'ultima con maestria, fila dritto e esce per la destra. Luca lo segue. Poco dopo Tommasino rientra in camera da pranzo e si rifugia presso la madre. Luca lo segue immediatamente, con la borsa in mano che poi porge a Concetta*) Cunce', nzerra!

NICOLINO (*si allontana dalle donne e si avvicina a Pasquale*) Pasquali', il Banco Lotto come va?

PASQUALE Bene, bene: di queste giornate la povera gente giuoca. Sono giornate di punta. (*E resta a parlare con lui*).

Le due donne si sono appartate e parlano fra loro. Luca impartisce un'ennesima lezione di morale al figlio. Vittorio, rimasto inosservato fin dall'arrivo della coppia, osserva il Presepio.

NICOLINO (*avendo esaurito gli argomenti con Pasquale*) Ci siamo tutti?

LUCA (*con gioia*) Tutti! Ah, ci sta pure un amico di mio figlio, che tiene la famiglia a Milano, allora io ci ho detto di restare a mangiare qua... Ti dispiace?

NICOLINO No, perché?

LUCA   Mo te lo faccio conoscere... (*Lo sgomento delle
due donne è evidente*). Don Vitto', vi voglio *rappresen-
tare* mio genero. (*Vittorio avanza, a occhi bassi*). Nicu-
li', ti presento Vittorio Elia, fa Natale con noi. (*Indican-
do suo genero*) Nicolino Percuoco, fabbricante di botto-
ni. Tiene centinaia di operai che dipendono da lui. Tie-
ne i pensieri. (*Nicolino vedendo Elia resta pietrificato.
Gli si legge sul volto la piena di sdegno che vorrebbe
traboccare... Vittorio accenna un lieve saluto col capo.
Luca e Pasquale si guardano sorpresi di quella freddez-
za. Concetta, con la morte nel cuore, aggiusta qualcosa
sulla credenza, per darsi un contegno e parla sottovoce
con Tommasino. Luca, disorientato chiede al fratello*)
Ma che è stato?

Pasquale si stringe nelle spalle.

NICOLINO (*trae in disparte Ninuccia, annichilita e sprofon-
data nel suo dramma, e le chiede con rabbia repres-
sa*) Nun ne sapive niente, tu? (*E attanaglia in una
stretta potente la piccola mano di Ninuccia nella sua
gelida e tremante*).
NINUCCIA (*non resiste alla stretta ed emette un grido acu-
to*) Aaaaaaah! (*Libera la mano e massaggiandola con
l'altra dice a denti stretti*) E statte fermo, ca me faie
male!
LUCA (*dopo avere interrogato gli altri con lo sguar-
do*) Ch'è stato?
NINUCCIA   Niente...
LUCA   Ch'è stato, Cunce'?
CONCETTA   Niente, niente...
LUCA (*prende un piatto dal tavolo e lo agita minacciosa-
mente facendolo tintinnare contro il piatto di sot-
to*) Ch'è stato?
CONCETTA   Niente, Lucarie', niente...
LUCA (*stizzito*) E vide si pozzo sapé niente!
TOMMASINO (*scimmiottando il padre, chiede a Concet-
ta*) Ma ch'è stato?
CONCETTA   Niente, Nenni', niente...

TOMMASINO (*più forte*) Ch'è stato? (*E sbatte il piatto su quello che sta sotto con tanta forza che li rompe tutti e due*).

CONCETTA Madonna, ih che serata! Ninu', vieneme a da' na mano dint' 'a cucina.

Le due donne escono per la sinistra.

NICOLINO (*è riuscito ad appartarsi con Vittorio e con voce sommessa l'apostrofa*) Mi darete una spiegazione.

VITTORIO Di che cosa?

NICOLINO Voi lo sapete meglio di me.

VITTORIO Mi attribuite un potere divinatorio che non posseggo.

NICOLINO Ad ogni modo più tardi ci spiegheremo.

VITTORIO Sono a vostra disposizione.

LUCA (*interrompe il dialogo intimo, andando a mostrare a Nicolino con fierezza i tre Re Magi che poco fa ha fatto vedere a Vittorio*) Questi sono i Re Magi, tutti e tre: Gaspare, Melchiorre e Baldassarre...

NICOLINO (*distratto, seguendo ancora il filo del suo pensiero*) Mangiano con noi?

LUCA (*divertito*) Niculi', tu comme staie stunato! (*Poi sghignazzando si rivolge al fratello e al figlio*) Io ho detto: «Questi sono i Re Magi, Gaspare, Melchiorre e Baldassarre»... e Niculino ha risposto: «Mangiano con noi?» (*Pasquale e Tommaso ridono*). Sta distratto... (*A Nicolino*) Certamente hai fatto un'altra volta questione co' Ninuccia. Non fate ridere la gente... Don Vitto', li vedete: lui e la moglie fanno sempre questione! (*A Nicolino*) Certamente vi siete contrastati per il fatto del mangiare. (*Ride bonario*) Quella, mia figlia lo tortura: non vuole che lui mangia pasta, perché dice che s'ingrassa, che aumenta la pancia... Lui la verdura non la vuole... Di' la verità, t'he mangiato 'e maccarune? (*Nicolino, infastidito, annuisce con un sorriso amaro*). Ma hai ragione! Un uomo che lavora sta a guardare se cresce la pancia, se non cresce la pancia... Perciò vi siete contrastati? Questa è 'a ragione?

NICOLINO (*prende a caso un coltello dal tavolo e ci giuoca simulando indifferenza*)   No, vi sbagliate... mai come adesso vedo che c'è un accordo completo. (*E nel dire questo, col coltello indica uno per uno tutti i presenti, descrivendo lentamente un semicerchio, allungando poi la mano anche verso la cucina, per includere nel novero anche Concetta e Ninuccia*).

LUCA (*intuisce qualcosa di torbido che amareggia suo genero, ma nell'incertezza afferma timidamente*)   E questo ci fa piacere... Vuol dire che le cose vanno bene e che andate d'accordo. Io pure faccio sempre questione con mia moglie... 'E vote se sentono 'e strille fin'abbascio 'o palazzo... Ma poi ci vogliamo bene. Parlate male di me a Concetta, seh! Vi mangia vivo... C'è l'affetto, siamo attaccati l'uno all'altra e cosí ho educato anche mio figlio Tommasino. (*Non finisce la frase che un rumore sordo fa sussultare tutti; Tommasino, preso da un irresistibile gusto vandalico, ha lanciato il torsolo della mela che ha divorato contro il Presepe; Luca si rende conto dell'accaduto e si avventa sul figlio per chiedergli conto di quell'azione cosí fuori posto*) Ch'è fatto? Embè, te mannasse 'o spitale!

TOMMASINO   Quella ci stava una mosca ncapa a san Giuseppe.

LUCA   'A mosca... Và truvanno 'a mosca 'o mese 'e dicembre... Ma io nun capisco, 'o Presebbio nun te piace, e ce staie sempre vicino... (*A Nicolino*) 'O vvi', fa queste cose per dispetto, ma poi è affezionato e vuole bene alla famiglia. Quello mo è un giovanotto, non è piú un bambino, eppure quando viene Natale scrive la lettera alla madre. E sono io che lo voglio. Per la madre i figli devono avere sempre lo stesso rispetto. (*Rivolgendosi al figlio con un senso di orgoglio*) Fai sentire la lettera che hai scritto a mammà.

TOMMASINO (*riluttante*)   Che le faccio sentí. È una specie di quella degli altri anni.

LUCA   E va bene, Niculino la vuole sentire. Liegge.

PASQUALE   Ogni anno nce avimmo sentere sta litania...

LUCA   Si nun 'a vuó sentí, vattènne int' 'a camera tua.

(*Al figlio*) Leggi... (*Alludendo a Concetta*) Chella mo
sta dentro alla cucina e non sente: liegge. (*A Nicolino*)
Senti, senti i sentimenti di questo ragazzo. (*Siede accan-
to al genero disponendosi ad ascoltare con attenzione*).

Pasquale siede al lato opposto della stanza, ostile e scet-
tico nei confronti di quell'omaggio filiale.

TOMMASINO (*trae di tasca la lettera, mentre siede al cen-
tro del gruppo. Dopo avere dato un'occhiata significati-
va a Pasquale, inizia a leggere*) «Cara madre, tanti au-
guri per il santo Natale. Cara madre...»
PASQUALE   N'ata vòta?!
LUCA   Pasca', statte zitto. Lo sai che il ragazzo è stato
malato, ha avuto la malattia di nervi e ha fatto la cura
rinforzata. Io non posso prendere responsabilità: si chil-
lo te mena nu piatto in faccia, addó arrivammo... Lo
sai che è nervoso. Guarda la gamba.

Infatti Tommasino agita una gamba minacciosamente.

PASQUALE   La vedo, la vedo...
LUCA (*a Tommasino*)   Vai avanti.
TOMMASINO   «Cara madre, da oggi in poi voglio diventa-
re un bravo giovane. Ho deciso: mi voglio cambiare.
Preparami...»
PASQUALE (*interviene pronto e ironico*)   ...'a cammisa, 'a
maglia e 'e cazettine. (*Come tutta risposta Tommasino
lancia violentemente un piatto che va a frantumarsi in
mille pezzi ai piedi di Pasqualino; questi si alza di scat-
to e guarda esterefatto i cocci sparsi intorno a lui, spa-
ventato di quello che gli poteva capitare se il piatto
l'avesse preso in pieno*) Neh, Lucarie', chillo m'ha mena-
to nu piatto!
LUCA   E io ti avevo avvertito che il ragazzo tiene la malat-
tia di nervi, che ha fatto la cura rinforzata... È nervoso.
TOMMASINO   Guarda la gamba, guarda la gamba.
LUCA   Pascali', t'he 'a sta' zitto. Dobbiamo mangiare, piat-
ti ce ne stanno pochi.

PASQUALE   Sí, me sto zitto, me sto zitto. Un delinquente,
   questo sei! (*Gira la sedia e siede di spalle, borbottan-
   do*) Liegge, liegge... Io non ti curo.
LUCA (*a Tommasino*)   Vai avanti.
TOMMASINO (*soddisfatto del suo «eroismo», si dispone a
   leggere di nuovo*)   «Cara madre, ho deciso: mi voglio
   cambiare. Preparami un bel regalo. Questo te lo dissi
   l'anno scorso e questo te lo dico anche adesso».
LUCA   E questo lo diciamo ogni anno.
TOMMASINO (*leggendo*)   «Cara madre, che il Signore ti
   deve fare vivere cento anni, assieme a papà, a Ninuc-
   cia, a Nicolino e a me... Cara madre...»
PASQUALE   Io non c'entro, è vero?
LUCA (*a Tommasino*)   Vai avanti.
PASQUALE   Nu mumento, debbo chiarire una cosa.
LUCA   Io lo so quello che vuoi chiarire, ma è meglio che
   andiamo avanti.
PASQUALE   Nu mumento. (*A Tommasino*) Perché non
   m'hai messo pure a me nella nota della salute?
LUCA   Va bbuò, Pasquali', abbozza.
PASQUALE   Ma c'aggia abbozzà... Io sono suo zio, m'ha
   da mettere pure a me.
TOMMASINO   Non posso.
PASQUALE   Perché non puoi?
TOMMASINO   Perché non posso. Non c'è lo spazio.
PASQUALE   Tu tieni in mano nu foglio 'e carta che è una
   SILOCA, non c'è lo spazio? M'he 'a mettere pure a me.
   (*Via via si riscalda fino ad uscire fuori dalla grazia di
   Dio*) Guaglio', mietteme pure a me, si no stasera ce ntus-
   secammo Natale. Tu 'a capa mia nun 'a cunusce... San-
   ghe d' 'a marina, me ricordo 'e specie antiche! (*Prende
   una forchetta e minaccia di conficcarla al centro della
   testa del nipote*) Mietteme dint' 'a nota, si no t'appizzo
   'a furchetta ncapa. (*Poi getta violentemente la posata
   sul tavolo e si allontana sbraitando*) Faccio fa' 'e numme-
   re dint' 'o vico. 'A capa poco m'aiuta.
LUCA (*esterefatto*)   Pascali', ma tu faie overamente?
PASQUALE   Faccio overamente!
LUCA (*imitando caricaturalmente il fratello*)   Piglia 'a fur-

chetta, minaccia 'o guaglione... Aveva ragione nostro padre ca te chiammava «'o fiammifero»!

PASQUALE   E me fido d'essere «fiammifero»!

LUCA   Ma famme sentí: se quello ti mette pure a te nella nota, tu veramente campi cient'anne?

PASQUALE   No.

LUCA   E allora...?

PASQUALE   È per principio!

LUCA   Va bene, ho capito. (*Poi si rivolge al figlio con un tono autorevole che non ammette repliche*) Miette cient'anne pure a isso.

TOMMASINO   Ma come faccio?

LUCA   T'aggio ditto miette cient'anne pure a zi' Pasqualino. Che poi il Padreterno sa quello che deve fare.

PASQUALE (*esasperato*)   Farisei, siete, farisei! (*A Tommasino, con superiorità*) Nun me mettere, nun m'importa.

TOMMASINO (*avendo accomodato la «nota», si dispone a leggere di nuovo*)   «Cara madre, che il Cielo ti deve far vivere cento anni assieme a mio padre, a mia sorella, a Nicolino, a me e cento anni pure a zi' Pascalino, però con qualche malattia...»

PASQUALE   Sei carogna! Carogna sei...

TOMMASINO (*chiudendo la lettera, con fierezza*)   Questa è la proposta.

LUCA (*divertito per l'uscita del figlio*)   Chillo Pascalino s' 'a piglia veramente... (*Poi, a Nicolino*) Facciamo buhà, ma sono questioni senza rancore. Ci vogliamo bene e io, ogni anno, a costo di qualunque sacrificio, devo fare il regalo a mia moglie. Due anni fa le regalai un taglio di stoffa per un cappotto. L'anno scorso le spegnoraie l'orecchine... Nce 'e facette truvà a tavola... fuie accussí cuntenta... Quest'anno ho pegnorato l'orecchine e l'ho comprato un'altra cosa. Aspetta, t' 'a voglio fa' vedé. (*Esce per la destra*).

PASQUALE   Voglio andare a prendere pure il regalo mio. (*Ed esce per il fondo a sinistra*).

LUCA (*dalla destra, recando un ombrello da donna incartato. Si avvicina a Vittorio*)   Ecco qua. (*Mostra l'ombrello*) Lei aveva perduto l'ombrello e io ce ne ho comprato

un altro piú bello. L'ho preso da un negoziante amico
mio, che mi ha fatto anche risparmiare. Il fusto è fortis-
simo, e la copertura è di una stoffa speciale che è buona
per l'acqua, per il sole, e per il vento. (*Si avvicina a
Nicolino*) Niculi', questo poi (*indica il manico*) è mate-
ria tua, tu te ne intendi: è corno vero.

PASQUALE (*tornando si avvicina ai due e mostra loro una
borsetta di finta pelle*)   E questo è il regalo mio.

LUCA   Io ho pensato pure come ce li dobbiamo regalare...
Niculi', vedi se viene mia moglie, mi voglio mettere d'ac-
cordo per una sorpresa. (*Si apparta con Pasquale e Tom-
masino*) Mo che ci mettiamo a tavola... L'idea mi è ve-
nuta quando sono andato a comprare i Re Magi... Quan-
do Concetta si mette a tavola, ci presentiamo come i
Re Magi che portavano i regali al bambino: Gaspare,
Melchiorre e Baldassarre... Ho pensato pure come deb-
bo dire. Io dico: «Tu scendi dalle stelle, Concetta bel-
la, e io t'aggio purtato chest'ombrella!»

PASQUALE   E io dico: «Tu scendi dalle stelle o mia Con-
cetta, e io t'aggio purtato sta bursetta!»

TOMMASINO (*deluso*)   E io che dico?

LUCA   Niente... Tu viene appriesso e faie: «Ta-ra-ta-ra-ra,
ta-ra-ra-ra-ra!»

TOMMASINO   Io voglio purtà 'a bursetta...

LUCA   Che c'entra, chillo è 'o regalo 'e Pascalino. Tu puor-
te 'a lettera dint' 'o piatto.

Dall'interno giunge un tramestio di passi concitati, un
tonfo sordo e un rumore di stoviglie fracassate, nonché
il rotolio di qualche pentola e un grido acuto di Con-
cetta.

CONCETTA (*dall'interno, come chiedendo soccorso*)   Luca-
rie', Lucarie'!

LUCA (*allarmato*)   Ch'è stato?

NINUCCIA (*entrando*)   Se n'è scappato nu capitone pe' tra-
mente 'o tagliàvemo!

LUCA   Nun sapevo che era...

NINUCCIA Ma chella mammà p'afferrà 'o capitone ha tuz-
zatc cu' 'a capa vicino 'o fucolare.

LUCA (*allarmato*) E s'è fatta male? (*Esce di corsa per
la sinistra*).

PASQUALE Voi vedete... (*Esce appresso a Luca*).

TOMMASINO Mammà, ve site fatta male? (*E corre in soc-
corso della madre*).

Dall'interno giungono le voci dei quattro. Concetta si
lamenta, Luca si rammarica, Tommasino e Pasqualino
si dànno da fare per soccorrere la donna. Dopo un poco
appare Concetta sorretta da Luca. Pasqualino e Tomma-
sino vorrebbero rendersi conto dell'entità del danno su-
bito da Concetta.

LUCA (*entra sorreggendo Concetta, la fa sedere su una se-
dia al centro della stanza*) Assèttate ccà. Cunce', tu cier-
ti cose nun 'e puo' ffa' cchiú. 'O vuó capí ca tiene n'età?
Te si' fatta male assaie? (*Concetta è un po' intontita,
risponde vagamente un po' a tutti e si massaggia il boz-
zo in mezzo alla fronte. Luca, indicando il bozzo*) Guar-
date ccà, se era la tempia, te ne andavi all'altro mondo.

Ninuccia ha piegato un tovagliolo trasversalmente, a
guisa di fascia, e lo annoda intorno alla testa di sua
madre.

LUCA 'O capitone addó se n'è scappato?

CONCETTA (*con voce lamentosa*) Miez' 'e gravune, sott'
'o focolare.

LUCA Vedimmo si 'o putimmo acchiappà. (*Esce per la
sinistra, seguito da Pasquale e Tommasino*).

Dopo un poco dall'interno giunge il fracasso della batta-
glia ingaggiata dai tre contro l'indocile anguilla. Rumo-
re di pentole rotolanti, stoviglie che si frantumano in
terra. Finalmente lo schianto e il fragore di un mobile
caduto. Le donne sono costernate.

TOMMASINO (*entra di corsa per annunciare*)   È caduta 'a credenza! (*E scappa di nuovo in cucina*).

Altri rumori si susseguono. Finalmente tornano i tre, malconci e trafelati. Luca zoppica, Pasquale si massaggia la schiena. Il solo incolume è Tommasino, il quale è riuscito nella mischia ad arraffare qualche poco di cibo e se lo sta mangiando furtivamente.

LUCA   Che vuó piglià capitone... S'è menato 'a coppa 'a fenesta, è gghiuto a ferní dint' 'a loggia abbascio.
CONCETTA   Va buono, mettimmece a tavula. Io vaco dint' 'a cucina. (*Esce per la sinistra*).
NICOLINO   Mi vorrei lavare le mani. (*Va con Concetta*).
LUCA   Andiamoci a lavare le mani. Pascali', 'a tiene na preta 'e sapone?
PASQUALE   Viene dint' 'a cammera mia. (*Ed esce per il fondo a sinistra*).
LUCA (*A Tommasino*)   Viene pure tu. Prima di metterti a tavola ti devi lavare le mani. (*Tommasino esce per il fondo a sinistra*). Don Vitto', mo ci vediamo. Ninu', fai compagnia a don Vittorio. (*Ed esce anche lui per il fondo a sinistra*).
VITTORIO (*dopo una breve pausa durante la quale si è accorto della freddezza di Ninuccia*)   Io non volevo rimanere, è stato tuo padre che ha insistito. E me ne posso pure andare.
NINUCCIA   Adesso sarebbe peggio... Ma io ho capito perché tu agisci cosí: hai deciso di fare succedere quello che non deve succedere.
VITTORIO (*con amarezza*)   Hai ragione. (*Trae di tasca una lettera e la mostra*) È mia madre. Vuole sapere perché non vado a passare il Natale con lei...
NINUCCIA (*con voluta indifferenza*)   E perché non sei partito?
VITTORIO   Embè, quanno parli accussí me faciarrisse fa' cos' 'e pazze... (*Con trasporto*) Insomma, io per te nun songo niente cchiú?

NINUCCIA (*crollando*) Vitto', io nun saccio io stessa c'aggia dicere...

Vittorio la trae a sé, la stringe e la bacia con infinito desiderio.

NICOLINO (*è entrato qualche momento prima; ora si avvicina ai due, li stacca dall'abbraccio e assesta uno schiaffo a Vittorio, gridandogli con voce strozzata*) Tu si' n'ommo 'e niente!

VITTORIO Carogna!

NICOLINO (*ha brandito un coltello e si è messo sulla difesa, addossandosi alla credenza*) Scinne abbascio. Mo he 'a scennere, mo!

VITTORIO (*accettando l'invito, minaccia a sua volta*) E quanno?

NINUCCIA (*schierandosi contro il marito in difesa di Vittorio*) No, Vitto', nun scennere! (*E gli si para davanti come per difenderlo*).

VITTORIO Nun te vo' bene mugliereta! Nun te vo' bene!

CONCETTA (*appare ignara. Reca una fumante insalatiera di broccoli natalizi*) Jamme a tavola, ngrazia 'e Dio. (*Nel vedere i tre si rende subito conto dell'accaduto e rimane inchiodata a terra*).

NICOLINO (*mostrando a Concetta il quadro poco edificante dei due amanti, dice a denti stretti*) Chesta è 'a figlia vosta, 'a vedite? Difende l'innamorato suo. E voi sapevate tutto! Ruffiana...

CONCETTA A me...!

VITTORIO (*sempre minaccioso a Nicolino*) Jamme! (*Ed esce svelto per il fondo*).

NICOLINO (*minaccioso alla moglie*) Cu' tte parlammo doppo. (*Ed esce dietro a Vittorio*).

NINUCCIA (*stravolta, alla mamma*) Mammà, chille s'accideno! (*Ma Concetta è come inebetita. È caduta a sedere su una sedia accanto alla tavola e riesce solo a far capire alla figlia che le gambe le si sono come paralizzate*). Mammà, mammà! (*Poi decide*) Eh! Mo se move, mammà... (*Esce correndo per il fondo*).

Dopo una piccola pausa, dal fondo entrano Luca, Tom-
masino e Pasquale: con indumenti di fortuna – vario-
pinti tappeti e corone di carta costruite alla buona – si
sono camuffati da Re Magi. Luca reca l'ombrello, Pa-
squale la borsetta e Tommasino il piatto con la lettera.
Ognuno agita nell'aria una stellina accesa per l'occasio-
ne, e tutti e tre intonano la canzone di Natale:

I TRE   Tu scendi dalle stelle, Concetta bella, e io t'aggio
purtata quest'ombrella...

Pasquale dà alla canzone la sua versione per la borsetta
e Tommasino li accompagna. Dopo un mezzo giro intor-
no alla tavola, si fermano, si inginocchiano davanti a
Concetta, che li guarda allucinata, e depositano i doni
ai suoi piedi.

ATTO TERZO

Ancora la camera da letto di Luca Cupiello. Tre giorni dopo quella disastrosa Vigilia di Natale. Luca è a letto, quasi privo di sensi. La realtà dei fatti ha piegato come un giunco il provato fisico dell'uomo che per anni ha vissuto nell'ingenuo candore della sua ignoranza. Con la schiena sostenuta da quattro o cinque guanciali, col mento puntellato al centro del petto, Luca Cupiello si è da poco appisolato, dopo una notte passata completamente in bianco. Concetta siede a destra sulla poltrona, circondata da donna Carmela, Olga e la signora Armida Romaniello, tutte amiche del palazzo, che evidentemente l'hanno confortata per tutta la notte. A sinistra, seduti sul letto di Tommasino, si troveranno Rita, Maria e Alberto, anch'essi coinquilini volenterosi e solidali. Mentre le donne raggruppate a destra parlano sommessamente dell'accaduto con interesse e comprensione, il gruppo di giovani, a sinistra, bisbiglia qualche cosa di superficiale e generico che evidentemente interessa loro personalmente. Dopo una breve pausa, la porta di fondo si apre e appare Raffaele il portiere. Reca una guantiera con sei tazze spaiate, cucchiaini e piattini. Avanza con passo accorto, perché stringe nell'altra mano una caffettiera colma di caffè, il cui manico è stato ricoperto da un piccolo straccio che funziona da isolatore. Raffaele si avvicina al gruppo di destra per iniziare la distribuzione della bevanda.

RAFFAELE   Questo l'ho fatto fresco.
CARMELA   Stiamo andando avanti a caffè.
RAFFAELE (*ad Olga*)   M'ha chiamato vostro marito da sopra la finestra d' 'a cucina.

OLGA Che vuole?

RAFFAELE Non ho capito bene, perché proprio in quel momento stavo girando la caffettiera. Ha detto che adesso scende. (*Porgendo una tazzina a Concetta*) 'Onna Conce', un sorso.

CONCETTA (*affranta, distrutta*) Non posso, non posso.

CARMELA Ma un sorso di caffè ve lo dovete prendere, se no come vi sostenete?

Concetta assaggia appena e allontana subito da sé la tazza.

ARMIDA (*rivolgendosi sommessamente al gruppo di sinistra*) Piccere', pigliateve nu poco 'e cafè.

Raffaele muove verso il gruppo, lo raggiunge, e serve il caffè.

ALBERTO Io si nun me piglio nu poco 'e cafè, m'addormo all'erta.

Nella guantiera vi sono due tazze; una la prende Rita, Maria vorrebbe prendere la seconda.

RAFFAELE Aspettate, chesta 'a dammo a don Pasqualino. (*Si avvicina a Pasquale che si è isolato al balcone chiuso e guarda fuori attraverso i vetri*) Don Pasquali', 'o ccafè.

Pasquale prende la tazza dalle mani di Raffaele e, sempre guardando fuori, sorseggia il liquido.

ALBERTO (*a Raffaele*) Porta altre due tazze.

RAFFAELE Addó 'e ppiglio? Dint' 'a cucina quattro ce ne stèvano... Due ne ho portato io perché due ne tengo...

RITA (*mostrando la sua tazza*) Bevi qua, io ho finito.

Raffaele riempie di nuovo la tazza offerta da Rita.

MARIA   Aspetta, bevo prima io. (*Infatti, beve*).
LUIGI (*è il marito di Olga Pastorelli, un uomo anziano,
    dabbene. Entra svelto perché ha fretta, deve raggiunge-
    re l'ufficio, uno studio di rappresentanze*) Bongiorno.
    (*Si avvicina al gruppo delle donne*) Donna Concetta
    bongiorno.

Concetta accenna un saluto col capo.

OLGA (*alludendo all'ambasciata che le ha fatto il portie-
    re*) Che volevi?
LUIGI   Volevo sapere se resti qua, se sali... Io me ne deb-
    bo scappare. (*Porgendo una chiave alla moglie*) Questa
    è la chiave di casa. Nun m'aggio pigliato manco 'o ccafè.
RAFFAELE (*mostrando la caffettiera a Luigi, lasciando in
    asso Alberto che in quel momento gli porgeva la tazza
    che era servita a Maria, per farla riempire di nuo-
    vo*) Qua, qua... (*Si avvicina al gruppo di destra, pren-
    de la tazza dalle mani di Olga e la riempie*) Qua ci ha
    bevuto vostra moglie.

Luigi beve.

ALBERTO (*reclamando la parte di caffè che toccherebbe a
    lui*) Rafe'...?
RAFFAELE   È finito. (*Capovolge la caffettiera perché Al-
    berto si convinca di ciò che ha affermato*) Mo ne vaco a
    fa' na macchinetta piccola per voi.

Alberto si rassegna. Ripiglia a conversare con le ragaz-
ze; Raffaele esce per il fondo.

LUIGI   Donna Concetta, don Luca come passa?
CONCETTA   Ieri sera venne il dottore, 'o guardaie e facet-
    te na brutta faccia.
LUIGI   Ma la notte come l'ha passata?
CONCETTA   E chi ha dormito? Chiamava Nicolino, voleva
    a Nicolino... Ha fatto un'arte!
CARMELA   Io tengo nu buono presentimento. Ieri sera

don Luca stava peggio, stava veramente male... Ma mo
sta riposando bene.

CONCETTA   No, no, Lucariello nun m' 'a conta justa. 'O
braccio sinistro nun 'o move cchiú, 'a lingua s'è tirata, e
parla accussí... ca non se capisce niente...

LUIGI   Ma riconosce?

CONCETTA   Qualche volta sí e qualche volta no. Ieri se-
ra me so' avvicinata, l'aggio ditto: «Lucarie', so' io, so-
no Concetta tua». Indovinate pe' chi me pigliaie? M' 'a
guardato nu poco e po' dicete: «Tu sei don Basilio!»
È rimasto impressionato perché na ventina di giorni fa,
jetteme a vedé 'o Barbiere 'e Siviglia 'o San Carlo. (Il
gruppetto di sinistra ride per ciò che ha detto Concet-
ta). Ce regalaine cierti bigliette...

ALBERTO (piano, alle ragazze)   E chella overo me pare
don Basilio...

Le ragazze ridono piú forte; il gruppo di destra rileva e
sottolinea con la mimica quella inopportuna risata.

ARMIDA   Piccere', ch'è stato?

MARIA (rimediando alla meglio)   No, Alberto è rimasto
senza caffè.

NINUCCIA (entra da sinistra con una scodella di brodo fu-
mante nelle mani. Reca sul volto i segni inconfondibili
di un dolore recente e profondo)   Mammà, ce 'o vulim-
mo da' nu poco 'e brodo 'e pollo? È caldo caldo.

CONCETTA   Io diciarría lassammo sta: quello mo s'è asso-
pito nu poco... Vuie che ne dicite, donna Carme'?

CARMELA   È meglio che lo fate riposare.

OLGA   Quando si sveglia, glielo riscaldate un'altra volta.

Ninuccia mette via la scodella, coprendola con un
piatto.

CONCETTA   'O duttore quanno ha da vení?

NINUCCIA   Già avessa avuta sta ccà.

CONCETTA   E Tommasino?

NINUCCIA È gghiuto a fa' n'ato telegramma a Niculino. Mo 'o vedite 'e vení.

LUIGI (*guardando l'orologio*) Io dovrei scappare, ma vorrei aspettare che si sveglia don Luca. Mo aspetto ca se sveglia, e poi me ne vaco.

CONCETTA (*a Ninuccia, in tono di rimprovero*) Mo si' cuntenta, mo... a chisto posto ccà t' 'o dicette: «Giurame ca faie pace con tuo marito e fernesce tutte cose»... He visto ch'he fatto succedere?

Ninuccia abbassa lo sguardo avvilita.

CARMELA E nun ce 'o dicite cchiú... Chella poteva maie immaginà che succedeva chello ch'è succieso...

CONCETTA Ha tenuto 'a capa tosta. E siccome io a Lucariello non gli avevo fatto sapere mai niente, 'o fatto 'e tre sere fa è stato come na mazzata ncapa... Se sentette male e mo sta dint' 'o lietto, cchiú 'a llà che 'a ccà. Non fa altro che chiamare Nicolino. Vuole vedere Nicolino, e intanto è 'o terzo telegramma c'avimmo fatto, e Nicolino non si vede...

CARMELA Ma perché, il marito l'ha lasciata?

CONCETTA Immediatamente. Se n'è andato da certi parenti suoi a Romà e ha detto che non la vuole vedere piú. (*Piagnucolando*) Na casa distrutta...

CARMELA Avete ragione...

LUIGI Io me n'avessa scappà.

OLGA E che aspetti? Se te ne devi andare, vattene. Sei sempre l'eterno indeciso.

LUIGI No, me pare che t'aveva dicere n'ata cosa... (*Poi a un tratto si ricorda*) Ah, sí: io che faccio, torno a casa pe' mangià?

OLGA Se vuoi tornare, torna. Faccio un poco di pasta al burro.

LUIGI Io resterei donna Cunce'... ma devo mostrare il campionario a un cliente, uno di Milano.

TOMMASINO (*dal fondo a destra. Entra svelto e fila dritto verso sua madre*) Aggio fatto 'o telegramma... (*Conse-*

gna a Concetta la ricevuta del telegrafo e degli spiccio-li) Ccà sta 'o riesto. Comme sta papà?

CONCETTA   Sta riposando nu poco, non ti fare sentire.
(*Esaltando l'attaccamento che suo figlio ha dimostrato
verso il padre nella tragica circostanza*) E sta criatura...
Sul'isso m'aggio truvato! Guardate che faccia tiene.
So' tre notti che sta svegliato vicino al letto del padre.
Nun 'ave cchiú che fa'... 'E scale d' 'o palazzo 'e fa venti,
trenta volte al giorno... add' 'o farmacista, add' 'o dutto-
re... Figlio mio! E dicevano ch'era disamorato...!

Infatti Tommasino si è seduto ai piedi del letto, accan-
to al padre.

LUIGI   Basta, mo me ne scappo.
LUCA (*si sveglia di soprassalto e chiede balbettando*)   Ni-
culino è venuto?

Tutti si fanno attenti e muovono verso il letto come
per circondarlo.

CONCETTA   S'è scetato. C'ha ditto?
CARMELA   Vó sapé si è venuto don Nicolino.
CONCETTA   E sempe cu' Niculino sbarèa... (*Poi rivolgendo-
si a Luca dolcemente*) Mo vene Niculino, piú tardi ar-
riva.
NINUCCIA   Papà, pigliateve nu poco 'e brodo.
CONCETTA   E riscaldalo, che s'è fatto freddo.

Ninuccia prende la scodella ed esce per la sinistra.

TOMMASINO (*premuroso*)   Papà, 'a bevanda...
CONCETTA   Piú tardi, il dottore ha detto ogni ora.
TOMMASINO   E mo è passata.
PASQUALE (*con sufficienza*)   Nossignora, ce vuo' tiempo.
TOMMASINO (*sempre ostile nei confronti di suo zio*)   Tu
statte zitto.
PASQUALE   Io sono il fratello e posso parlare.
TOMMASINO (*minaccioso*)   Mo vedimmo.

PASQUALE (*di rimando e con lo stesso tono minaccioso*) Mo vedimmo.

CARMELA Ma ve pare chisto 'o mumento 'e v'appiccecà?

RAFFAELE (*dal fondo, recando una guantiera con due tazze e una piccola caffettiera*) Donna Cunce', 'o duttore.

DOTTORE (*entrando*) Bongiorno a tutti, bongiorno. Come si va?

CONCETTA Dotto', aspettavamo a voi con ansia. (*Intanto Raffaele ha riempito la tazza di caffè e la sta porgendo ad Alberto*). Rafe', 'o ccafè 'o dottore.

Raffaele sottrae la tazza dalle mani di Alberto, si avvicina al dottore ed esegue l'ordine di Concetta.

DOTTORE Grazie, lo piglio volentieri perché sono uscito in fretta. (*E beve*).

Raffaele muove verso Alberto, ma Tommasino lo ferma, porgendogli a sua volta una tazza.

CONCETTA Bive, Tummasi', bive ca te fa bene.

ALBERTO (*alle due ragazze*) Io mo scengo e m' 'o vado a piglià 'o bar.

DOTTORE (*porgendo la tazza vuota a Concetta*) Ha riposato stanotte?

CONCETTA Ci ha tenuti svegli a tutti quanti... (*Prende un foglietto dal comodino e lo porge al dottore*) Questa è la febbre.

DOTTORE (*dando una scorsa al foglietto, chiede all'infermo*) Don Luca, come andiamo? Voi state una bellezza...

LUCA (*articolando con difficoltà le parole, ribatte ironico*) Cosí spero di sentire di voi. (*Poi fissa lo sguardo su Luigi ed esclama felice*) Niculi'...

CONCETTA Non è Nicolino, è Pastorelli, don Luigi Pastorelli... Ci sta pure donna Carmela, la signora Armida con la figlia... La signora Olga, don Alberto, 'a signorina Maria e 'a signorina Rita... Ti sono venuti a trovare tutti quanti!

Tutti si avvicinano al letto.

ALBERTO   Don Luca, dovete fare presto a stare bene!
LUIGI   Ci dobbiamo fare una scampagnata.
MARIA   Vengo pur'io, vengo pur'io!
RITA   Ci andiamo tutti quanti.
CARMELA   Dobbiamo fare una festa.
OLGA   Una festa grande quando starà bene don Luca!
ARMIDA   Sí, sí!

Le effusioni sono andate crescendo di tono fino a diventare assordanti, e il dottore si ribella.

DOTTORE (*battendo le mani*)   Eh! Eh! Basta! (*A Concetta*) C'è troppa gente qua dentro, ve lo dissi pure ieri.
CARMELA   No, ma queste signore sono venute da poco: io sola ho fatto compagnia a donna Cuncetta, stanotte.
ARMIDA   E usciamo, usciamo.
DOTTORE   Sí, è meglio sfollare.

Tutti gli inquilini si avviano verso l'uscita.

ALBERTO   Io me vaco a piglià na tazza 'e cafè abbascio.
RITA   Aspetta, damme na sigaretta.
MARIA   E pure a me.

Alberto distribuisce le sigarette ed esce seguito dalle ragazze.

LUIGI (*avviandosi all'uscita con sua moglie*)   Mo aspetto quello che dice il dottore e poi me ne scappo.

Escono insieme.

NINUCCIA (*dalla sinistra, recando di nuovo la scodella con il brodo*)   Mammà...
CONCETTA (*chiede consiglio al dottore*)   Dotto', nu poco di brodo di pollo...?
DOTTORE   Aspettate, voglio visitarlo prima. (*Osserva le*

pupille di Luca, poi solleva le coperte e le lenzuola per altre osservazioni del caso, ma si ferma interdetto perché le sue mani hanno toccato qualche cosa di insolito. Cerca di capire al tatto, poi si decide e tira fuori un paio di scarpe e le mostra come per chiedere una spiegazione).

CONCETTA (*mortificata*) Uh! Scusate, dotto'.

PASQUALE Le ha nascoste perché se no il figlio se le vende.

DOTTORE Addirittura?

TOMMASINO Già, io po' me vennevo 'e scarpe 'e papà...

PASQUALE Perché, te mettive paura?

Questa volta la lite fra i due si risolve mimicamente.

DOTTORE (*dopo aver ascoltato il cuore di Luca, poco convinto, dice un po' a tutti*) Bene, bene, andiamo meglio.

CONCETTA Làssa fa' 'a Madonna! (*Rianimata, si rivolge a Luca*) Lucarie', e che d'è? Mo nun dice niente? L'altra volta, quando sei stato malato, parlave sempre tu. (*Mostrando donna Carmela*) Ce sta donna Carmela, racconta a donna Carmela 'o fatto dei fagioli.

CARMELA (*volutamente pettegola*) Uh, veramente... qual è 'o fatto dei fagioli? Voglio sapé...

LUCA Il fatto dei fagioli è importante... (*Divertito dal ricordo, vorrebbe raccontare, ma il suo pensiero è discontinuo e converge soprattutto verso un'idea fissa che è quella che piú l'ha colpito. Infatti di punto in bianco chiede con interesse*) Niculino è venuto?

CONCETTA No ancora.

CARMELA Cuntatece 'o fatto d' 'e fagioli.

LUCA (*sorride, ma non riesce che ad imprimere una smorfia tragica sulla sua bocca tirata verso sinistra*) Io mi svegliai con un poco di febbre. Concetta subito dicette: «Si deve chiamare il dottore». «Lassa sta', Cunce', – dicetti io, – questa è cosa di niente. Io domani non tengo niente piú». «Niente affatto, – dicete Concetta, – il medico si deve chiamare in tempo, se no può essere

che succede qualche complicazione e poi è peggio». «E
va bene», dicette io: quella Concetta, quando si mette
na cosa ncapa... Venette 'o dottore, fece la visita e dis-
se... Come dicette, Cunce'?

CONCETTA È una cosa viscerale.

LUCA È una cosa viscerale. Deve stare digiuno. Se man-
gia non le passa 'a febbre... Ma Niculino quando viene?

CONCETTA Mo viene, Lucarie', mo viene.

LUCA Ma 'o telegramma l'avete fatto?

CONCETTA Sí, sí. Racconta 'o fatto dei fagioli. Quel gior-
no, io che feci?

LUCA Quel giorno Concetta aveva fatto i fagioli c' 'a pa-
sta. Un profumo di fagioli c' 'a pasta per tutta 'a casa...
Io dicette: «Cunce', ma come, proprio oggi che non mi
sento bene hai fatto i fagioli c' 'a pasta che sai che mi
piacciono tanto?» «Tu qua' fagioli c' 'a pasta ha fatto a
te...! Io ho fatto brodo». Perché Cuncetta 'o ssape che
'o brodo a me nun me sóna... «Ah... e allora questo
profumo di fagioli c' 'a pasta da dove viene?» «L'ha
fatta 'a signora 'e rimpetto». «E dincello 'a signora 'e
rimpetto che me ne mandasse nu piattiello». «Gnernò,
– dicette Concetta, – devi stare digiuno se no non ti
passa la febbre, e che figura facciamo col dottore?»
«Va bene, – diciette io. – Quando è stanotte parlam-
mo». Io sono tremendo... È overo, Conce'?

CONCETTA Come! Lucariello è tremendo!

LUCA Concetta aveva pigliato sonno. Io m'alzai e andai
dentro alla cucina perché io lo so che quando si fanno i
fagioli in casa mia si fanno che possono bastare per tre
giorni, perché ci piace di mangiarli freddi il giorno ap-
presso, e pure riscaldati la sera... 'a matina pe' meren-
da... M'assettaie vicino 'o tavulino... 'O cucchiaio già
stava dint' 'a zuppiera... e *drunghete* e *dranghete* (*fa il
gesto di portare alla bocca cucchiaiate di fagioli*) e *drun-
ghete* e *dranghete*, e *drunghete* e *dranghete*, me man-
giaie tutte 'e fagioli! Facette 'a zuppiera pulita pulita.
Po' me ne tornaie ccà e me mpizzaie dentro 'o portafo-
glio (*allude al letto*) e dicette: «Quando è dimane se
ne parla». Io sono tremendo, è vero, Cunce'? Il giorno

appresso mi svegliai senza nemmeno un poco di febbre. Comme me scetaie, Cunce'?

CONCETTA Frisco frisco.

LUCA Frisco frisco. Venette 'o scienziato... e dicette: «Avete visto? Se mangiava nun le passava 'a febbre». Che ciuccio!

DOTTORE Io me ne vado perché ho delle visite importanti.

Il dottore si alza mentre Concetta si adopera per aggiustare il letto del marito aiutata da Carmela.

CONCETTA Scusate, dotto'...

DOTTORE Ma niente, vi pare!

NINUCCIA (traendo in disparte il dottore) Dotto', come sta?

DOTTORE Non bisogna disperare. Certo la batosta l'ha avuta piuttosto pesante, ma ho visto dei casi peggiori che si sono risolti abbastanza bene.

NINUCCIA Speriamo... (E raggiunge la madre per informarla di quanto ha detto il dottore).

PASQUALE (che ha ascoltato il dottore, assieme a Ninuccia) E domani non venite?

DOTTORE E che vengo a fa'? Don Pasquali', fatevi coraggio e date coraggio 'e ffemmene.

PASQUALE Vuie che dicite?

DOTTORE Solo un miracolo... ma non ce la può fare. Ad ogni modo, se ci sono novità mi mandate a chiamare. (Rivolto a tutti) Buona giornata.

Tutti rispondono al saluto e accompagnano il dottore sino alla porta di fondo.

CONCETTA Ninu', levammo sti tazze 'a miezo. (Ninuccia esegue). Mo vide ca trase n'ata vota tutta chella gente.

CARMELA Vi do una mano.

CONCETTA In tre giorni se n'è andato piú di un chilo e mezzo di caffè.

TOMMASINO E chille perciò so' venuti.

PASQUALE Sí, ma io mo ce 'o ddico...

CARMELA È naturale, ci tolgono l'aria a quel poveretto.

PASQUALE Mo ce 'o vaco a dicere. (*E si avvia verso l'uscita, ma si ferma perché s'imbatte in Vittorio che sopraggiunge in quel momento*).

CONCETTA (*alla vista di Vittorio rimane allibita. Dopo una breve pausa l'affronta*) E voi che fate qua?

VITTORIO (*sinceramente addolorato*) Donna Concetta, non me ne cacciate. Voi non sapete da tre giorni quello che sto soffrendo. Lo so, tutta la colpa è mia... Ma credetemi, me vularría truvà sotto terra. Da tre notti passeggio sotto il palazzo... Mo è sceso il dottore... Volevo baciare la mano a don Luca. Donna Concetta, non mi negate questa grazia!

LUCA (*nel delirio della febbre ha ravvisato nelle sembianze di Vittorio quelle di suo genero Nicolino. Con un lampo di gioia negli occhi esclama*) Guè, Niculi'! (*Si sporge dal letto e riesce ad afferrare il braccio di Vittorio*) È arrivato Niculino... Che piacere che mi hai fatto! Qua tutti dicevano che tu non venivi... (*Nessuno osa intervenire. Lo stesso Vittorio rimane immobile, con gli occhi a terra. Ora Luca trae a sé Vittorio per parlargli con tenera intimità*) Chillo Niculino me vo' bene a me, è overo? (*Ninuccia riversa sul letto è come trasognata. Tommasino è il solo a comprendere tutta la tragedia: sul suo volto passa dolore e di tanto in tanto la collera*). Addó sta Ninuccia?

NINUCCIA (*in lacrime*) Sto qua, papà...

LUCA Damme 'a mano... (*Riesce a prendere la mano di Ninuccia e la unisce a quella di Vittorio. Il suo volto si rischiara, riesce a parlare con piú forza e chiarezza*) Fate pace in presenza mia, e giurate che non vi lasciate piú. (*E visto che i due non parlano, insiste*) Giurate, giurate!

Dall'interno giunge un parlottare sommesso e concitato, poi si sente la voce di Nicolino.

INQUILINI (*voci interne*)   Bongiorno, don Niculi'...
NICOLINO   Addó sta?

Concetta è la prima ad accorrere terrorizzata verso l'u-
scita; gli altri la seguono nello stesso stato d'animo.

RAFFAELE (*si affaccia alla porta e annunzia grave*)   Don
Nicolino.

Infatti appare Nicolino il quale muove dritto verso il
letto. Nel vedere sua moglie e Vittorio e Luca in quella
scena patetica, ha come una furia di sangue al cervello.
Vorrebbe scagliarsi furente, ma viene trattenuto e so-
spinto a viva forza dai famigliari. Intanto il gruppo de-
gli inquilini si è riversato alle spalle di Nicolino e con
parole sommesse esortano l'uomo ad avere comprensio-
ne per quel caso singolare e tragico. Tutti insieme rie-
scono ad allontanare Nicolino, il quale a volte si lascia
trasportare via, a volte si ribella.

LUCA (*felice che sia riuscito a far fare la pace a Ninuccia
e il marito, ride, soddisfatto*)   Hanno fatto pace, l'ag-
gio fatto fa' pace... Hai visto, Conce'? (*A Ninuccia e
Vittorio*) Voi siete nati l'uno per l'altro. Vi dovete vole-
re bene. Non fate prendere collera a Concetta che ha
sofferto assai... (*Ninuccia e Vittorio allentano la stretta
della mano. Ora Luca delirante farfuglia qualcosa di
incomprensibile, agitando lentamente il braccio destro
come per afferrare qualcosa in aria. È soddisfatto. Vaga
con lo sguardo intorno e chiede*) Tommasi', Tommasi'...
TOMMASINO (*sprofondato nel suo dolore si avvicina al pa-
dre, mormorando appena*)   Sto qua.
LUCA (*mostra al figlio il braccio inerte; lo solleva con
l'altra mano e lo fa cadere pesantemente come per dimo-
strare l'invalidità dell'arto. Poi chiede supplichevo-
le*)   Tommasi', te piace 'o Presebbio?
TOMMASINO (*superando il nodo di pianto che gli stringe la
gola, riesce solamente a dire*)   Sí.

Ottenuto il sospirato «sí», Luca disperde lo sguardo
lontano, come per inseguire una visione incantevole:
un Presepe grande come il mondo, sul quale scorge il
brulichio festoso di uomini veri, ma piccoli piccoli, che
si dànno un da fare incredibile per giungere in fretta
alla capanna, dove un vero asinello e una vera mucca,
piccoli anch'essi come gli uomini, stanno riscaldando
con i loro fiati un Gesú Bambino grande grande che
palpita e piange, come piangerebbe un qualunque neo-
nato piccolo piccolo...

LUCA (*perduto dietro quella visione, annuncia a se stesso
il privilegio*)   Ma che bellu Presebbio! Quanto è bello!

Cala la tela.

Indice

Stampato per conto della Casa editrice Einaudi
presso ELCOGRAF S.p.A. - Stabilimento di Cles (Tn)

C.L. 6544

Ristampa

33   34   35   36   37   38

Anno

2017   2018   2019   2020

Collezione di teatro

Ultimi volumi pubblicati